T0017154

PALOMA HORNOS

Guía práctica para educar las emociones

INCLUYE 40 ACTIVIDADES Y JUEGOS PARA APRENDER A RECONOCER Y GESTIONAR LAS EMOCIONES

TOROMÍTICO

Primera edición: septiembre de 2022

Padres y educadores • Editorial Toromítico
Parque Logístico de Córdoba. Ctra. Palma del Río, km 4
C/8, Nave L2, nº 3. 14005, Córdoba

Director Editorial: Óscar Córdoba
Edición de: Ana Belén Valverde Elices
Maquetación: Manuel Montero

Imprime: Gráficas La Paz
ISBN: 978-84-18648-81-6
Depósito Legal: CO-1316-22
Hecho e impreso en España - *Made and printed in Spain*

A las mujeres de mi vida, Comi y María, por estar, por ser y por todo lo que me habeis enseñado.

ÍNDICE

INTRODUCCIÓN

Las herramientas que nuestros hijos o alumnos aprenden mientras son jóvenes les aportan confianza para afrontar lo que la vida les depare como adultos, por eso en este libro te propongo:

Se TÚ quien le transmita esas herramientas.

Entre sus páginas descubrirás hasta 40 actividades y juegos para enseñar a los más pequeños a conectar con sus emociones y aprender a gestionarlas. 40 divertidas propuestas para llevarlas a cabo, tanto en casa como en el aula.

Cada capítulo, centrado en cada una de las emociones básicas, más alguna otra muy presente entre los niños y jóvenes, comienza con una introducción sobre cada emoción, que nos permitirá entender por qué está en nuestra vida, para qué sirve y cómo nos puede, a veces, complicar la vida. Una vez refrescados los conceptos pasamos a lo más importante: ¡JUGAR!

La neurociencia nos ha enseñado que el juego mejora el aprendizaje, y nuestros mayores nos legaron la idea de que «la familia que disfruta unida, permanece unida». ¿Y en qué, si no, se convierte un grupo de personas que comparten tiempo, risas y experiencias? En algo muy parecido a una familia.

Juega, disfruta, sueña, comparte y ¡EMOCIÓNATE!
de la mano de quien mejor sabe hacerlo:

UN NIÑO

¿Sabías que, hasta que un niño es capaz de regular sus emociones, hasta que su cerebro crea las redes neuronales necesarias para hacerlo por sí mismo, sus adultos de referencia han de ayudarle a hacerlo hasta decenas de miles de veces?

De ahí la importancia de que nosotros, los adultos, adquiramos estrategias para fomentar en el niño ese aprendizaje, y eso es, precisamente, lo que quiero compartir contigo a través de estas páginas.

LA IMPORTANCIA DE LAS HABILIDADES EMOCIONALES

Las emociones nos proporcionan información sobre lo que estamos viviendo y nos ayudan a saber cómo reaccionar ante ello.

Las habilidades emocionales se convierten en la base firme, segura, sólida sobre la que un niño se desarrolla. Esa base le permite contar con la fortaleza suficiente para explorar, aprender, marcarse metas y alcanzarlas, desarrollando todo su potencial tanto intelectual como humano.

Enseñar a un niño a gestionar sus emociones va más allá de jugar, colorear, cantar, moverse; consiste en, a través del juego, descubrir estrategias a las que puede recurrir siempre que necesite alcanzar un estado de ánimo más sereno. Tener equilibrio emocional le permitirá relacionarse con quienes le rodean de una forma más plena y sencilla.

Ser capaz de entender las emociones y adquirir herramientas para gestionarlas es una especie de «músculo» que hay que entrenar cada día.

Cuanto más podamos ayudar a nuestros niños y jóvenes a comprender qué sienten, por qué lo sienten y qué hacer con ello, más fácil les resultará desarrollar su capacidad para entablar relaciones plenas y saludables, y una vida auténtica, emocionante y feliz.

Tanto los sentimientos como las emociones tienen grandes motivos para estar ahí. Ni la emoción ni el sentimiento son los que causan el problema, sino lo que hacemos con ellos.

La conciencia emocional nos ayuda a identificar aquello que necesitamos en ese momento, lo que queremos, y nos avisa de lo que no queremos.

EMOCIONES PARA «PRINCIPIANTES»

Antes de entrar de lleno en las dinámicas que te propongo para trabajar las emociones, quiero recordarte unas ideas básicas sobre ellas. Ideas sobre las que va a pivotar todo este libro:

- **Las emociones van y vienen**
  Algunas duran solo unos segundos, otras pueden durar un poco más, y entonces se convierten en estado de ánimo.

- **Las emociones tienen intensidad**
  Su intensidad dependerá de la situación y de la propia persona.

- **No existen emociones positivas ni negativas**
  Ni buenas o malas; lo que si puedo considerar buena o mala, acertada o desacertada, es la forma en la que elijo expresarlas.

- **Las emociones no se controlan**
  Por el contrario se gestionan, se manejan, se expresan. Lo que sí puedo controlar es cómo decido expresarlas.

Comprendamos el por qué de las emociones y desarrollemos estrategias para gestionarlas.

¿EN QUÉ CONSISTE GESTIONAR NUESTRAS EMOCIONES?

Es un proceso de 3 pasos:

1. Identificar lo que estoy sintiendo: la conciencia emocional
Sentimos emociones desde que nacemos y, a medida que crecemos, nos volvemos más hábiles a la hora de entenderlas. Pasamos de simplemente reaccionar, como haría un niño pequeño, a identificar aquello que sentimos. Con tiempo y, por supuesto, práctica, comenzamos a descifrar eso que sentimos y a identificar qué nos ha llevado a sentirnos así. Esta habilidad se llama conciencia emocional.

Tener conciencia emocional nos permite expresar preferencias y necesidades, hablar sobre nuestros sentimientos, resolver o incluso evitar conflictos, reponernos ante las dificultades... en resumen: nos ayuda a construir mejores relaciones. La conciencia emocional es el primer paso en el desarrollo de la Inteligencia Emocional.

2. Permitirme sentir lo que estoy sintiendo
Algunas emociones nos hacen sentir bien: feliz, querido, cariñoso, alegre, inspirado, seguro de mi mismo, interesado, agradecido. Otras nos pueden hacer sentir incómodos: enfadado, asustado, triste, resentido, avergonzado, culpable o preocupado. Todas estas emociones, unas y otras son normales.

Las emociones nos aportan mucha información sobre nosotros mismos y sobre nuestra situación, aunque a veces nos culpamos por sentir lo que sentimos. Te invito a que, en lugar de creer que no debemos sentirnos de cierta manera, comencemos a darnos cuenta de lo que realmente sentimos.

Tratar de evitar los sentimientos negativos, fingir que no los sentimos, disfrazarlos de otros es, ya te lo adelanto, una bomba de relojería.

Intentar negar lo que siento, o no aceptarlo, en lugar de enfrentarme a ello y tratar de entender por qué me siento así, hace más difícil superar la situación y nos puede llevar a estallar en cualquier momento.

3. Expresarlo
Una vez has identificado lo que estás sintiendo (paso 1) y te has permitido sentirlo (paso 2) llega el momento de expresar tu emoción

eligiendo cómo hacerlo. En este libro encontrarás 40 dinámicas y juegos para, concretamente, enseñar a niños y jóvenes a expresar sus emociones.

FÓRMULA EN TRES PASOS PARA ENSEÑAR A UN NIÑO A MANEJAR AQUELLO QUE ESTÁ SINTIENDO

Paso 1: Identificar la emoción

Existen infinidad de definiciones de «emoción», dependiendo del autor, del campo de investigación o del contexto. Para mí, la más representativa es la siguiente:

> «Reacciones automáticas e instintivas de mi organismo ante un estímulo».

Las emociones son pura fisiología, así que es importante recordar a un niño que preste atención a su cuerpo. Seguramente tenga sensaciones en su cuerpo; quizá sienta calor en el rostro o los músculos tensos. Invítale a:

- Ser consciente de cómo se siente y a intentar ponerle un nombre.
- No negar lo que siente. Hazle saber que es posible que no desee contarle a nadie cómo se siente pero que es importante que no lo reprima.
- Tratar de identificar qué ocurrió para que se sienta de esa manera. Por ejemplo:
  - «Cada vez que escucho a Marta responder tan bien cuando el profe pregunta en clase, me siento tonto».
  - «Cuando he dormido poco, al día siguiente me siento de mal humor».
  - «Aunque esos abusones no se meten directamente conmigo, veo lo que les hacen a otros compañeros y eso me asusta».

Paso 2: ¡Fuera culpa!

Los niños necesitan comenzar a aceptar sus emociones. Recuérdale que los sentimientos están ahí por un motivo: para ayudarle a comprender lo que está ocurriendo. Invítale a:

- No buscar un culpable. Una cosa es reconocer y explicar tus emociones y otra, muy distinta, culpar a otros por sentirte así. Lo que sientes viene de tu interior.
- Aceptar todas sus emociones como algo natural. Ayúdale a no juzgarse por tener esos sentimientos, ya que reconocerlos puede ayudarle a superarlos. Es importante que, desde pequeños, se acostumbren a no ser exigentes y crueles consigo mismos.

Paso 3: Expresa

El niño ya tiene identificado lo que siente, así que es el momento de enseñarle cómo darle salida. Ayúdale a encontrar cuál es la mejor manera de expresarlo o, al menos, a bajar su intensidad. Como te comentaba al principio de este capítulo, ser capaz de entender y gestionar las emociones es algo parecido a ejercitar un músculo que hay que entrenar cada día.

A lo largo de estas páginas encontrarás divertidas dinámicas, juegos, propuestas y actividades para ayudar a los niños a entrenar ese «músculo».

¿Empezamos?

ACTIVIDADES Y JUEGOS PARA DESARROLLAR LA CONCIENCIA EMOCIONAL

EL MAPA DE LAS EMOCIONES: MI CUERPO HABLA

Identificamos las emociones y la forma en la que nuestro cuerpo nos avisa de ellas.

OBJETIVOS

- Reflexionar sobre las propias emociones.
- Fomentar la comprensión de los pensamientos que conducen a ellas y las conductas a las que nos llevan.
- Identificar cómo nuestro cuerpo siente y manifiesta las distintas emociones.
- Desarrollar la inteligencia emocional.

EDAD RECOMENDADA

8 años en adelante.

MATERIALES

- Ficha «Escuchando mi cuerpo».
- Lápices de 4 colores: rojo, azul, naranja y marrón para cada participante.

INSTRUCCIONES

Para situarnos en contexto iniciamos siempre la actividad con una explicación previa. Este texto puede servirte como orientación sobre cómo plantear la actividad a los participantes.

Explicación previa:

Nuestro cuerpo es el territorio donde vivimos cada uno de nosotros. Sentimos emociones, que se reflejan en nuestro cuerpo, que cuando pasan por nuestra cabeza se convierten en sentimientos y estos nos hacen comportarnos de una manera determinada.

Vamos a descubrir cómo nuestro cuerpo nos habla sobre cómo nos estamos sintiendo.

Empezaremos por aprender a escucharlo, porque siempre tiene mucho que decirnos, pero no solemos prestarle mucha atención.

Nuestro cuerpo es un radar gigante y vamos a imaginar una luz cálida, agradable, que va a ir recorriendo muy despacito todo nuestro cuerpo, iluminando nuestros huesos, nuestros músculos, nuestra piel y va a detectar en qué parte de nuestro cuerpo sentimos una emoción.

Desarrollo:

Repartiremos la hoja de trabajo y los 4 lápices de colores. Les indicaremos que coloreen cada uno de los cajetines de la ficha de trabajo con un color distinto:

- rojo en el enfado
- azul en el miedo
- naranja en la alegría
- marrón en la tristeza.

Vamos a cerrar los ojos, centrarnos en nuestra respiración y empezar a recordar una situación en la que hayamos sido muy muy felices, tanto que hayamos sentido una alegría desbordante. Necesitamos que el cuerpo la SIENTA, para lo cual tenemos que imaginarla con todos los detalles posibles:

- *Qué estaba pasando.*
- *Quiénes estaban en esa situación.*

- *Dónde ocurrió.*
- *Cómo iba vestido.*
- *Si era de día o de noche.*
- *Si ocurrió en el exterior o en el interior de algún edificio.*
- *Si hacía frío o calor.*
- *Si había algún ruido que pueda recordar.*

Daremos tiempo al niño para que pueda visualizar la situación; es importante no meterle prisa.

Una vez conecte con ese recuerdo, con esa imagen en su cabeza, le pediremos (como si tuviera esa luz de radar) que busque en qué parte de su cuerpo siente esa alegría. Podrá sentirlo en forma de calor, de cosquilleo, de presión, de punzada. Hay mil formas en las que nuestro cuerpo nos habla.

¡No te preocupes, lo va a identificar perfectamente!

Ahora que habéis encontrado en qué parte de vuestro cuerpo se esconde la alegría, abrid los ojos, tomad el color naranja y coloread en el cuerpo dónde lo habéis sentido.

Seguidamente pasareis a la siguiente emoción, hasta identificar en vuestro cuerpo cada una de las cuatro.

Una vez estén todas coloreadas será el momento perfecto para comparar los respectivos muñecos e intercambiar impresiones sobre cómo y dónde siente cada uno cada emoción.

Sugiéreles conservar la hoja de trabajo, su muñeco lleno de colores, incluso colgarlo en un lugar visible. Este muñeco les va a mostrar el patrón por el cual su cuerpo siente las emociones, así que invítalos a que la próxima vez que sientan algo y no sepan qué pueden estar sintiendo, si miran su muñeco podrán identificar, a través de dónde y cómo lo sienten, qué emoción se les empieza a despertar.

Utilizando su monigote o muñeco, solamente con el hecho de ser consciente de qué está sintiendo, es capaz de poner en perspectiva lo que siente y bajar su intensidad.

Actividad complementaria:
Una vez familiarizados con la dinámica y tras realizar otras de identificación de emociones de este libro, podrás ir subiendo el nivel de este juego incluyendo otras emociones secundarias o más complejas.

MI CUERPO HABLA

MI DIARIO DE EMOCIONES

Elaborar un Diario Emocional nos permite tomar conciencia de nuestras emociones.

OBJETIVO

- Fomentar el conocimiento y la conciencia sobre las emociones.
- Favorecer la capacidad de reconocer e identificar emociones.
- Desarrollar habilidades emocionales.

PARTICIPANTES

8 años en adelante.

MATERIALES

- Cuaderno, libreta, diario, etc.
- Material de escritura.

INSTRUCCIONES

Explicación previa:

Todos sentimos emociones a lo largo de nuestro día, solo que unas veces sentimos unas u otras, pero todos sentimos las 5 emociones básicas en algún momento; también existen otras emociones como la vergüenza, el amor, la envidia, etc.

Es muy importante identificar la emoción que estamos sintiendo, saber cómo la expresamos y si esta nos hace sentir bien o mal para poder cambiarla si no nos hace sentir bien.

Para ello vamos a llevar cada uno un Diario Emocional donde anotaremos esas emociones que sentimos:

- *¿Cómo me siento?*
- *¿Por qué me siento así?*
- *¿Cómo estoy manifestando lo que estoy sintiendo?*
- *¿Esta emoción me ayuda en la situación y momento actual? ¿Qué puedo hacer para mantenerla?, o ¿qué puedo hacer para cambiarla y sentirme mejor?*

Cada día tendréis que anotar al menos una vez al día cómo os sentís y responder a las preguntas, pudiendo hacer todas las anotaciones que queráis.

Desarrollo:
Cada participante tendrá su cuaderno, libreta o diario, creará su portada y la decorará a su gusto. Diariamente anotarán en él las emociones que sienten, como mínimo durante dos semanas.

MI DIARIO DE EMOCIONES II

Se trata de un ejercicio complementario al Diario de emociones que nos permite no solo identificar la emoción y cómo va cambiando a lo largo del día, sino también el contexto o situación que la ha motivado, así como su intensidad.

OBJETIVO

- Adquirir conciencia emocional, asociando cada emoción con una situación y esta, a su vez, con un patrón de conducta.
- Favorecer la capacidad de reconocerlas e identificar su intensidad.

EDAD RECOMENDADA

8 años en adelante.

MATERIALES

- Material de escritura.
- Ficha mi registro emocional.

INSTRUCCIONES

Consiste, como he comentado, en una actividad complementaria al Diario de emociones.

Invitamos a los participantes a que, durante dos semanas, lleven un registro diario de cómo van cambiando sus emociones a lo largo del día, qué situaciones las despiertan y, sobre todo, valoren del 1 al 10 la intensidad de la emoción.

Explicación previa:
A lo largo de nuestro día todos experimentamos emociones y estas van cambiando según lo que ocurre a nuestro alrededor. Es muy importante conocer la emoción que estamos sintiendo, qué la ha motivado y la intensidad con la que la estamos viviendo.

Vamos a ampliar nuestro Diario de emociones, anotando en la hoja de trabajo:

- *las emociones que sentimos a lo largo del día;*
- *las situaciones que las han despertado;*
- *la intensidad con la que las sentimos.*

Identificar qué siento, por qué y cuánto me ayudará a aliviar la tensión emocional y, por tanto, me resultará más sencillo regularla.

MI REGISTRO EMOCIONAL

REGISTRO DE CÓMO MIS EMOCIONES VAN CAMBIANDO A LO LARGO DEL DÍA

Fecha:	ALEGRE	TRISTE	ENFADADO	ASUSTADO	HARTO	ILUSIONADO
Al despertar						
8-10h						
10-12h						
14-16h						
16-18h						
18-20h						
20-22h						
Al acostarse						

LAS SIGUIENTES SITUACIONES HOY ME HAN SACADO DE MI PAZ:

1. SITUACIÓN: ....

   ME HA DESPERTADO LA SIGUIENTE EMOCIÓN: ....

   CON INTENSIDAD (DEL 1 AL 10): ....

2. SITUACIÓN: ....

   ME HA DESPERTADO LA SIGUIENTE EMOCIÓN: ....

   CON INTENSIDAD (DEL 1 AL 10): ....

3. SITUACIÓN: ....

   ME HA DESPERTADO LA SIGUIENTE EMOCIÓN: ....

   CON INTENSIDAD (DEL 1 AL 10): ....

4. SITUACIÓN: ....

   ME HA DESPERTADO LA SIGUIENTE EMOCIÓN: ....

   CON INTENSIDAD (DEL 1 AL 10): ....

5. SITUACIÓN: ....

   ME HA DESPERTADO LA SIGUIENTE EMOCIÓN: ....

   CON INTENSIDAD (DEL 1 AL 10): ....

EL TEATRO DE LAS EMOCIONES

El juego consiste en hacer una representación teatral donde los personajes sean las distintas emociones, con el fin de que los pequeños se pongan en el lugar de las emociones y comprendan cada una de ellas.

OBJETIVOS

- Fomentar el conocimiento sobre las emociones, identificarlas y reconocer su expresión.
- Favorecer el desarrollo de la Inteligencia emocional, la creatividad, el trabajo en equipo y las habilidades sociales.

EDAD RECOMENDADA

6 años en adelante.

MATERIALES

- Tarjetas con el nombre de cada una de las siguientes 7 emociones: alegría, tristeza, enfado, miedo, sorpresa, amor y asco.
- Máscaras de cartón o, en su defecto, cartulina y cinta elástica para elaborar unas máscaras.
- Material para disfrazarse.

INSTRUCCIONES

Explicación previa:

Vamos a preparar un teatro de emociones en el que representaremos las diferentes emociones: alegría, tristeza, enfado, miedo, sorpresa, amor y asco. Repartiremos unas tarjetas y en ellas encontrareis la emoción que os corresponda a cada uno representar.

Desarrollo:
Se repartirán las tarjetas, intentando que haya el mismo número de personajes para cada emoción. Cuando cada uno tenga su tarjeta se agruparán aquellos cuya emoción coincida, es decir, un grupo con todos los que tengan la alegría, otro con todos los que tengan miedo, asco, etc. Una vez hechos los grupos, tendrán que preparar el papel y la puesta en escena.

Cada grupo tendrá que:

- Preparar el disfraz apropiado para la emoción que aparece en su tarjeta.
- Elaborar una máscara que la represente.
- Asociar un sonido y una forma de moverse (movimientos de los brazos y piernas, pasos, saltos, postura, etc.) característicos de cada emoción.
- Crear un diálogo en primera persona, del tipo:
    - Presentación (p. ej.: «Hola, soy la rabia...»).
    - Explicación de cuándo se siente esa emoción (p. ej.: «Aparezco cuando...»).
    - Explicación de cómo hace sentir (p. ej.: «Hago que te sientas...»).
    - Explicación de cómo se manifiesta (p. ej.: «Hago que te comportes...»).

Dejaremos tiempo a los participantes para que preparen la escena y, cuando estén preparados, cada grupo representará su función.

PONEMOS CARA A LAS EMOCIONES

Un juego que invita al niño a empezar a identificar las diferentes emociones a través de su expresión emocional y, también, a descubrir las causas que las desencadenan.

OBJETIVOS

- Comprender la importancia de identificar emociones, pensamientos y conductas.
- Favorecer el desarrollo de las habilidades y competencias emocionales para desarrollar la inteligencia emocional.

EDAD RECOMENDADA

De 3 a 6 años.

MATERIALES

- Globos de 7 colores.
- Rotulador para dibujar sobre ellos.

INSTRUCCIONES

Explicación previa:

Existen diferentes emociones y todos, en algún momento, las sentimos:

- *La sorpresa, que la sentimos cuando ocurre algo que no nos esperamos, como por ejemplo recibir un regalo.*
- *La tristeza, que la sentimos cuando hemos perdido algo o cuando algo no nos gusta.*
- *La alegría, que la sentimos cuando estamos contentos.*

- *El amor, que se nos despierta cuando sentimos cariño.*
- *El miedo, cuando nos asustamos.*
- *El enfado, cuando algo no nos gusta o nos molesta.*
- *Asco, cuando algo nos desagrada.*

Vamos a hacer globos con las diferentes emociones.

Desarrollo:
Se inflarán todos los globos y ayudaremos a cada niño a dibujar en un globo la expresión emocional que, según él, corresponde a cada una de las emociones. Cada niño tomará 7 globos con distintos colores, uno para cada emoción, pero podrá elegir a su gusto el color del globo sobre el que va a dibujar cada emoción.

A continuación se nombrará un color, por ejemplo: «Rojo», y cada uno de los pequeños cogerá el globo de ese color dibujado por él. Como cada uno habrá dibujado la expresión emocional sobre un globo de color diferente, nos encontraremos con diferentes emociones representadas sobre el globo rojo.

Cada uno de los participantes colocará el globo rojo delante de su cara, a modo de careta, y actuará como si sintiese esa emoción. Posteriormente, todos sentados en círculo y cada uno con su globo, acudirá al centro a explicar al grupo cómo se siente cuando aparece esa emoción que representa su globo y qué situaciones le hacen sentir así.

Así continuaremos nombrando cada uno de los 7 colores para que todos los niños puedan pasar por todas las emociones.

LOS EMOJI

En esta dinámica los participantes aprenderán a identificar la emoción que representa el emoticono correspondiente, que previamente habremos seleccionado dependiendo de la edad de los niños, desde los más básicos para los más pequeños (alegría, tristeza, enfado, miedo, asco, amor, etc.) a otros más complejos para niños de mayor edad.

OBJETIVOS

- Identificar la expresión de las diferentes emociones.
- Desarrollar el lenguaje no verbal.
- Fomentar la importancia de reconocer y manejar los estados emocionales, tanto propios como ajenos.

EDAD RECOMENDADA

5 años en adelante.

MATERIALES

- Tarjetas con emoticonos impresos.
- Cartulinas amarillas tamaño A4 con un círculo grande dibujado en cada una.
- Rotuladores, adhesivos, tijeras, pegamento, gomas, material para dibujar y escribir.

INSTRUCCIONES

Explicación previa:

Todos conocemos los emoticonos, conocidos como «emojis», esas pequeñas caritas de color amarillo que nos sirven para expresar sentimientos.

Vamos a ver alguna de estas caritas, identificar cuáles son sus rasgos y a qué emoción representan.

Desarrollo:

Fase 1:
Se les mostrará a los niños cada una de las tarjetas con emoticonos que habremos seleccionado, y guiaremos la reflexión en grupo con preguntas del tipo:

- ¿Qué emoción creéis que representa este emoticono?
- Veamos cuáles son los rasgos de esa carita que nos indican esa emoción: ¿cómo pone la boca?, ¿cómo están los ojos?, ¿qué otros rasgos o señales podemos encontrar?
- ¿Para qué sirve esa emoción y qué es lo que la provoca?
- ¿Cuándo o en qué situaciones nos sentimos así?
- ¿Qué es lo que hacemos habitualmente cuando experimentamos esa emoción?
- ¿Qué otras cosas se nos ocurren que podemos hacer?

En el caso de realizar esta actividad con niños de más edad, se les invitará a una reflexión individual y a responder estas preguntas por escrito para, posteriormente, ponerlas en común y generar debate.

También se puede realizar esta actividad en grupos de trabajo.

Fase 2:
Se elaborarán unos juegos de caretas, ayudando a los participantes a recortar los círculos en las cartulinas de color amarillo, de manera que sean suficientemente grandes como para cubrir la cara.

Una a una se habrán creado caretas con cada uno de los emoticonos y se pedirá a los participantes que elijan una careta al azar, se la pongan y que actúen de acuerdo a como suelen actuar cuando experimentan dicha emoción.

Se irá cambiando de emoción a lo largo de la dinámica varias veces y finalizaremos la actividad con una reflexión en común para asentar lo aprendido.

LA PELOTA DE LAS EMOCIONES

A través de un divertido juego los más pequeños comenzarán a trabajar el reconocimiento de las emociones, tanto propias como ajenas.

OBJETIVOS

- Fomentar la reflexión sobre las emociones.
- Reconocer las emociones y sus expresiones.
- Sentar las bases de la Inteligencia Emocional.

EDAD RECOMENDADA

3 años en adelante.

MATERIALES

- Una pelota.

INSTRUCCIONES

Explicación previa:

Las emociones forman parte de nosotros, es muy importante reconocer las emociones y saber cómo funcionan.

Vamos a jugar a un juego sobre ellas, pero antes vamos a repasar cada una de las emociones con las que vamos a jugar:

- *La alegría es una emoción que nos hace sentir contentos y que aparece cuando estamos alegres, nos reímos, sonreímos.*
- *La tristeza es una emoción que nos hace sentir pena. Aparece cuando estamos decaídos, lloramos y no tenemos ganas de hacer nada.*
- *El enfado es una emoción que aparece cuando alguien o algo nos molesta. Cuando nos enfadamos, gritamos.*

- *El miedo es una emoción que aparece cuando estamos asustados. Cuando tenemos miedo huimos, pegamos o nos encogemos.*
- *El amor es una emoción que aparece cuando sentimos cariño hacia los demás. Cuando sentimos amor, abrazamos, acariciamos y damos besos.*

Desarrollo:
Cuando trabajemos con los más pequeños comenzaremos con las emociones básicas e iremos incluyendo, paulatinamente, emociones más complejas.

El juego comienza diciendo en alto el nombre de una emoción, por ejemplo, el miedo. Decimos miedo y pasamos la pelota a otro compañero del círculo que deberá decir alguna palabra relacionada con la expresión de esa emoción (llorar, gritar, temblar, etc.) o las sensaciones que produce el miedo.

Es importante que el juego sea dinámico, por eso los participantes han de procurar decir su palabra rápido, sin pensar demasiado y pasar la pelota a otro participante.

LA ESTRELLA DE LAS EMOCIONES

Esta actividad ayuda a los niños a reflexionar sobre las diferentes emociones básicas: miedo, tristeza, rabia, alegría, sorpresa y asco, representando sus conclusiones en forma de estrella.

OBJETIVOS

- Reconocer las emociones.
- Entrenar la reflexión sobre las emociones y los propios estados de ánimo.

EDAD RECOMENDADA

4 años en adelante.

MATERIALES

- Una estrella de seis puntas recortada en una cartulina grande para cada participante.
- Foto-retrato impreso de cada participante.
- Material de dibujo y escritura.
- Tijeras, revistas, pegamento, etc.

INSTRUCCIONES

Explicación previa:
Para comenzar la dinámica, se explicará a los participantes cuáles son las 6 emociones básicas: miedo, ira, alegría, sorpresa, asco y tristeza, teniendo en cuenta la edad de los pequeños y recurriendo a ejemplos adaptados a esta.

Desarrollo:

Cada participante decorará su estrella de las emociones. En cada una de las puntas deberán escribir el nombre de cada emoción, y en el centro colocarán la foto del niño o simplemente su nombre.

La superficie de cada una de las puntas de la estrella la decorará representando cada emoción a través de lo materiales que se pongan a su disposición: pueden dibujar, pegar un recorte, una foto, un dibujo, poner una palabra, pintar un color, etc.

Una vez hayan finalizado sus estrellas, se expondrán a la vista de todos (decorando el aula o el cuarto de jugar) y cerraremos la actividad con una reflexión de este tipo:

Cada estrella es distinta porque, aunque sean las mismas emociones, cada uno de nosotros las vive a su manera.

YINCANA DE EMOCIONES

A través de esta divertida dinámica los pequeños harán de exploradores en busca de signos que les ayuden a identificar diferentes estados emocionales.

OBJETIVOS

- Desarrollar la empatía.
- Fomentar la habilidad de reconocer emociones ajenas.
- Favorecer el desarrollo de la inteligencia emocional y de las habilidades sociales.

EDAD RECOMENDADA

8 años en adelante.

MATERIALES

- Una ficha de trabajo para cada grupo.
- Indicios y pistas que se habrán preparado previamente.

INSTRUCCIONES

Explicación previa:

Vamos a ser exploradores en busca de un tesoro muy valioso: nuestra empatía. ¿Sabéis lo que es la empatía? Es la capacidad de ponerse en el lugar del otro y sentir como siente otra persona.

Para desarrollar esta capacidad necesitamos primero reconocer las emociones y los sentimientos que tienen los demás. ¿Cómo vamos a reconocer las emociones?

¡Recordad que somos exploradores y que debemos buscar señales y signos que nos lleven a descubrir el tesoro!

Desarrollo:
Se dividirá a los participantes en grupos, asignándole a cada grupo, de forma aleatoria, una emoción (alegría, tristeza, sorpresa, miedo, amor, rabia, etc.). Cada grupo deberá buscar los indicios o signos que definan la emoción en los demás.

Se esconderán diferentes pistas dependiendo de la edad: una foto con la expresión facial de la emoción, un dibujo o un texto que refleje situaciones que lleven a experimentar esa emoción o conductas asociadas con la emoción como el llanto, la risa, los gritos, etc.

Cada grupo rellenará una ficha con las pistas que hayan encontrado y con cualquier otra información que puedan descubrir por su cuenta, preguntando, reflexionando o basada en sus propias deducciones.

Cuando todos los grupos hayan completado su ficha, se pondrán en común y cerraremos la actividad con una reflexión.

YINCANA DE LAS EMOCIONES

NOMBRE DE LA EMOCIÓN:

¿Cómo se expresa en la cara?

....

¿Cómo se expresa con el cuerpo?

....

¿Qué situaciones hacen que aparezca esta emoción?

....

¿Qué hago yo cuando me siento así?

....

¿Qué piensan los demás cuando yo hago eso?

....

¿Cómo se siente mi cuerpo cuando tengo esta emoción?

....

¿Qué sienten los demás cuando ven que yo me siento así?

....

¿Qué pienso yo cuando noto que otros sienten esta emoción?

....

EL LIBRO DE LOS SENTIMIENTOS

Consiste en crear un libro con los diferentes sentimientos en el que cada participante tendrá que poner una explicación para cada sentimiento, una imagen que lo represente, una situación que le lleve a sentirse así, lo que piensa en esos momentos y cómo se comporta cuando se siente de esa manera.

OBJETIVO

- Reconocer las diferentes emociones, su expresión, su manifestación y las situaciones en las que se activan.

EDAD RECOMENDADA

9 años en adelante.

MATERIALES

- Un libro en blanco (un cuaderno, hojas grapadas en forma de libro, un archivador vacío con hojas en blanco, etc.) para cada participante.
- Revistas, pinturas, material de escritura, pegamento, etc.

INSTRUCCIONES

Preparación:
Se proporcionará un libro a cada participante, seleccionando los sentimientos que queremos trabajar; una hoja para cada sentimiento.

Los sentimientos a trabajar se elegirán dependiendo de la edad de los participantes:

- Con los más pequeños empezaremos por las emociones básicas (alegría, tristeza, enfado, miedo, sorpresa, amor y asco).
- Con los mayores se irán incluyendo otros sentimientos (angustia, frustración, esperanza, rabia, incomprensión, dolor, duda, confusión, odio, seguridad, tranquilidad, nostalgia, ilusión, soledad, comprensión, desilusión, vergüenza, etc.)

Explicación previa y desarrollo:
Es muy importante identificar nuestros sentimientos y los de los demás para entendernos a nosotros mismos y a otros; para ello vamos a crear nuestro Libro de los sentimientos.

En cada página vamos a colocar y representar un sentimiento distinto. Los sentimientos que vamos a incluir en nuestro libro son los siguientes (y se les hará entrega de la lista de los sentimientos que hayamos decidido trabajar con el grupo).

A cada sentimiento le corresponde una página en la que vamos a anotar:

-El nombre del sentimiento y una explicación del mismo.
-Una imagen que lo represente.
-Qué situaciones nos llevan a sentir de ese modo.
-Qué es lo que pensamos cuando nos sentimos así y cómo nos comportamos.

Para completar la página de cada sentimiento podéis utilizar todo el material que necesitéis, ya que se trata de representar cómo es ese sentimiento para vosotros.

Se trabajará cada día un sentimiento, hasta que completen el libro, permitiéndoles que lo vayan haciendo en casa a su ritmo.

Una vez terminado, cada participante explicará al resto del grupo su libro, cómo lo ha elaborado y a qué conclusiones ha llegado sobre cada sentimiento. También se puede empezar por un sentimiento y que cada participante explique el mismo.

Terminaremos la actividad con una reflexión como la siguiente:

Cada uno tenéis vuestro propio libro, diferente al de los demás. Los sentimientos son los mismos, pero cada uno los vivimos a nuestra manera. Es importante saber cómo cada uno vive sus emociones, por ello iremos completando nuestro libro y revisándolo para comprender nuestros sentimientos.

EL DOMINÓ DE LAS EMOCIONES

Elaborar un dominó que les permitirá reconocer diferentes expresiones emocionales para emparejarlas, como se haría en el juego clásico.

OBJETIVOS

- Desarrollar competencias emocionales.
- Fomentar la conciencia sobre las emociones.
- Favorecer la capacidad de reconocerlas e identificarlas.

EDAD RECOMENDADA

6 años en adelante.

MATERIALES

- Revistas, fotos, imágenes, etc.
- Hoja de fichas de dominó impresas en cartulina.
- Pegamento, lápices, material de colorear, etc.

INSTRUCCIONES

Preparación:
Se pondrán a disposición de los participantes revistas para recortar fotos de ellas o, también, se imprimirán en formato pequeño fotos-retrato de cada participante poniendo diferentes caras correspondientes a las distintas emociones (alegría, tristeza, miedo, asco, amor, rabia).

Se recortarán las cartulinas sobre las que se habrá impreso la hoja de Fichas de dominó.

Explicación previa:

Vamos a hacer un Dominó de emociones para después poder jugar con él. Tenemos las fichas (enseñamos las fichas en blanco a los niños y niñas) preparadas para colocar en ellas las diferentes emociones. En cada ficha pegaremos dos imágenes que representen las diferentes emociones, que buscaremos entre las revistas y fotografías.

Desarrollo:

Con los más pequeños se trabajará con las emociones básicas: alegría, tristeza, enfado, sorpresa, amor, asco y miedo. Con los más mayores se podrán incluir otras emociones más elaboradas como la vergüenza, la envidia, el cariño, etc.

Se podrá crear un dominó para jugar entre todos o uno para cada participante. Cada juego ha de representar 7 expresiones distintas de cada una de las emociones. Una vez elegidas las diferentes expresiones de entre todos los materiales, se pegarán en la ficha correspondiente.

Se recomienda plastificar las fichas para que no se despeguen.

Con el dominó creado...
¡Estamos listos para jugar!

Descárgatelo aquí

ARCOÍRIS DE EMOCIONES

Permite ayudar a conocer las diferentes emociones, cuáles son sus causas, sus formas de expresión y sus consecuencias. Consiste en permitir a los participantes que las identifiquen como paso previo a aprender a gestionarlas.

OBJETIVOS

- Identificar las diferentes emociones.
- Reconocer las causas que las hacen aparecer.
- Saber cuál es la expresión característica de cada una de ellas.
- Desarrollar la empatía, esa capacidad de entender lo que sienten los demás.
- Mejorar su inteligencia emocional y sus habilidades sociales.
- Favorecer la gestión emocional.

EDAD RECOMENDADA

10 años en adelante.

MATERIALES

- Ficha de trabajo.
- Pegatinas o cartulinas de colores. Los diferentes colores representan las diferentes emociones:
    - Sorpresa: azul.
    - Miedo: negro.
    - Rabia: rojo.
    - Alegría: naranja.
    - Tristeza: gris.
    - Amor: rosa.
    - Vergüenza: morado.
    - Asco: marrón.

- Cinta adhesiva.
- Material de dibujo y escritura.

INSTRUCCIONES

Se repartirán de forma aleatoria las cartulinas o pegatinas de colores y se prepararán varias de cada emoción para que todos puedan participar.

Fase 1:

Tenemos este juego de cartulinas. A cada uno nos ha tocado un color que representa una emoción diferente.

Según el color que nos haya tocado intentaremos recordar alguna situación en la que hayamos sentido esa emoción y nos preguntaremos: «¿Qué pensaba cuando me sentía así?, ¿qué hacía? y ¿qué consecuencias tuvo lo que hice?».

Cuando lo tengamos identificado, rellenaremos la ficha.

Fase 2:

Una vez rellenada la ficha, pondremos en nuestra cara la expresión característica de esta emoción, comenzaremos a movernos, a gesticular, a actuar como si fuéramos esa emoción, representando esa emoción.

Nos moveremos por la sala buscando a otros participantes con la misma emoción y nos agruparemos por las distintas emociones.

Fase 3:

Una vez agrupados, en cada grupo debatirán entre todos sus respuestas para llegar a conclusiones comunes y posteriormente hacer una puesta en común de las conclusiones para todo el grupo.

Fase 4:

Al finalizar la dinámica les pediremos que, en casa, cada uno de ellos complete, solo, una ficha para cada una de las emociones, pudiendo añadir dibujos, fotografías o cualquier cosa que se les ocurra para explicarlas.

Otra variante:

Tras repartir los colores y completar la ficha, cada participante deberá localizar una emoción que le complemente. Una vez formadas las parejas deberán explicar por qué se han unido y por qué creen que se complementan.

EL ARCOÍRIS DE MIS EMOCIONES

NOMBRE DE LA EMOCIÓN:

Me he sentido

....

¿Cuándo he empezado a sentirme así?

....

¿Qué pasó para que me sintiera así?

....

¿Qué pensaba en esos momentos?

....

¿Cómo sentía mi cuerpo cuando tuve esta emoción?

....

¿Cómo me hizo comportarme?

....

¿Qué consecuencias ocurrieron?

....

¿Cómo puedo reconocer esa emoción en otras personas?

....

¿Hice algo para sentirme de otra forma?

....

ABECEDARIO DE EMOCIONES

Crearemos un abecedario de emociones, buscando diferentes emociones o sentimientos para cada letra del abecedario, hasta elaborar una descripción completa de cada emoción que contenga características como: su definición, sus sensaciones asociadas, las situaciones que la provocan, sus expresiones faciales, gestuales y corporales, etc.

OBJETIVOS

- Identificar, reconocer y comprender diferentes emociones.
- Aceptar y desarrollar estrategias para gestionarlas.
- Desarrollar sus competencias emocionales.

EDAD RECOMENDADA

7 años en adelante.

MATERIALES

- Fichas de emociones.
- Archivador vacío.
- Taladradora de papel.

INSTRUCCIONES

Antes de comenzar a preparar las fichas de cada emoción se habrá decidido cómo hacer los grupos y el número de emociones que habrán de localizar por cada letra, lo cual dependerá de la edad de los participantes.

Explicación previa:

Todos tenemos emociones. Ahora mismo todos y cada uno de nosotros las estamos sintiendo. Lo que pasa es que no siempre las reconocemos o las notamos, pero están ahí.

No solo sentimos alegría, tristeza, asco, miedo, rabia o amor, sino que también podemos tener otras sensaciones como serenidad, dulzura, incomprensión, mosqueo, gratitud, sentirnos hartos, etc.

Vamos a crear un Abecedario de emociones entre todos para, poco a poco, conocer las diferencias entre ellas. Vamos a repartirnos en grupos.

Desarrollo:

Los grupos dependerán del número de participantes, idealmente entre 2 y 5 niños por grupo.

A cada grupo se le asignará un conjunto de letras, teniendo en cuenta el número de grupos para poder cubrir todas las letras del abecedario. Por ejemplo, al grupo 1 le asignaremos las letras A, B, C, D y E, al grupo 2 se le asignarán las letras F, G, H, I y J, y así sucesivamente.

Otra versión del juego podría consistir en agrupar de 5 en 5 letras de forma aleatoria, no en orden, ya que con algunas letras será más sencillo encontrar emociones que con otras.

En el caso de letras como la Q, la Ñ o la K buscaremos emociones que contengan la letra, ya que no existen emociones que comiencen por ellas.

Repartiremos las fichas de trabajo y cada grupo rellenará una para cada una de las emociones que comiencen o contengan las letras que les asignemos.

Por supuesto se ha de variar la actividad dependiendo de la edad:

- Niños de 7 a 9 años:
  Han de trabajar con 1 o 2 emociones por letra, asignándoselas (p. ej.: A= amor, aburrimiento; B= bondad; C= calma, cariño; D= debilidad, dulzura; etc.). Algunas emociones, por su complejidad, se las tendremos que explicar aunque, en general, pueden entenderlas.
- Niños de 10 a 12 años:
  Se les pedirá que localicen 2 o 3 emociones por letra, ofreciéndoles algunas como ejemplo para que busquen por su cuenta otras más.

- Niños de 13 en adelante: se les pedirá que localicen 3 emociones por letra.

Cada grupo explicará al conjunto de los participantes las emociones que hayan ido descubriendo.

Cada grupo completará la ficha correspondiente a cada emoción y que recopilaremos en el archivador que se convertirá en nuestro particular *Diccionario de emociones.*

Como complemento a la actividad, se puede repasar el diccionario diariamente y ofrecer a los participantes la oportunidad de que cada uno elija una de las emociones para desarrollarla.

EL ABECEDARIO DE LAS EMOCIONES

LETRA: _____

Nombre de la emoción

....

Descripción de esta emoción

....

Expresiones faciales de esta emoción

....

Expresiones corporales

....

¿Cómo nos hace comportarnos?

....

Sensaciones físicas

....

Situaciones que pueden provocarla

....

LA ALEGRÍA

DESCUBRIENDO LA ALEGRÍA

La alegría es el motor que mueve nuestra vida; una emoción cálida que nos hace ver el lado positivo de las cosas y que nos impulsa a sacar lo mejor de nosotros mismos.

Los niños, desde muy pequeños, muestran alegría y júbilo. Tratar de que no pierdan esta cualidad, sumado a su visión positiva de la vida, les proporcionará una base sólida para el día de mañana.

Criemos niños alegres y resilientes.

CONSEJOS PARA EDUCAR NIÑOS ALEGRES Y RESILIENTES

1. Cuida vuestro tiempo en común
Comparte con él actividades como deportes o juegos; leed cuentos, fomentando momentos íntimos para el diálogo y la comunicación. Esto le aportará una seguridad que supondrá la base de una personalidad alegre y optimista.

2. Transmítele valores y favorece el desarrollo de sus habilidades sociales

Su habilidad para relacionarse con los demás es otro pilar fundamental para la alegría.

Desarrollar el respeto, la empatía, la gratitud o la amabilidad le hará sentirse más alegre y seguro, y le allanará el camino de la aceptación social.

3. Fomenta su autonomía

La autonomía potenciará su autoestima y seguridad así como la confianza en sí mismo.

Invítale a tomar decisiones y a asumir responsabilidades, siempre acordes a su edad. Con ello le ayudarás a fortalecer su resiliencia y le facilitarás el camino a su edad adulta.

En las siguientes páginas encontrarás ejercicios y juegos con los que puedes ayudarle a desarrollar una actitud positiva ante la vida.

ACTIVIDADES Y JUEGOS PARA EDUCAR EN LA ALEGRÍA

ABRAZOS GRATIS

Los abrazos son la expresión universal del afecto. En un abrazo no son necesarias las palabras. Abrazar y ser abrazados genera bienestar.

Mediante este entretenido juego los pequeños podrán experimentar la alegría de dar y recibir abrazos.

OBJETIVOS

- Favorecer la expresión emocional.
- Educar para el sano desarrollo afectivo.
- Descubrir que es bueno expresar sus emociones de afecto sin miedo.

EDAD RECOMENDADA

4 años en adelante.

MATERIALES

- Reproductor de música.
- Una sala amplia y diáfana.

INSTRUCCIONES

Explicación previa y desarrollo:

Vamos a celebrar la Fiesta de los abrazos gratis.

¿Sabéis en qué consiste? Se trata de regalar abrazos. Da igual a quién se los regalemos porque dar cariño y repartir nuestro amor es gratis, y eso nos hace sentir felices.

Vamos a poner música. Mientras suene la música tenéis que moveros despacito por la sala de un lado a otro sin importar dónde vais. Cuando pare la música miras a la persona que esté más cerca de ti, le haces ver lo contento que te sientes por encontrarte con él y le das un fuerte abrazo.

Nos abrazamos, cerramos los ojos, respiramos despacito y hondo y sentimos el cariño que recibimos y que estamos dando al otro.

Cuando la música vuelva a sonar, nos despedimos de la persona a la que estamos abrazando y seguimos caminando y, cuando de nuevo la música deje de sonar, abrazamos a quien tengamos al lado.

La dinámica tendrá una duración aproximada de 10 minutos, sin prisas, para que los abrazos puedan ser largos y cálidos.

Concluido el tiempo todos los participantes se sentarán en círculo para compartir su experiencia: qué les ha parecido, cómo se han sentido y qué han experimentado.

EL DIARIO DE LA ALEGRÍA

Acostumbrar a los niños, desde pequeños, a pensar en positivo les convertirá en adultos que podrán ver el vaso medio lleno en lugar de medio vacío. Igual que se lavan la cara cada día, pueden aprender a pensar en positivo.

OBJETIVOS

- Desarrollo del pensamiento positivo y la resiliencia.

EDAD RECOMENDADA

6 años en adelante y, especialmente, toda la familia.

MATERIALES

- Un cuaderno.
- Material de escritura y dibujo.

INSTRUCCIONES

Cada uno de los participantes dedicará todas las noches unos minutos a escribir (o a dibujar) lo bueno que ha pasado a lo largo del día. Puede ser cualquier cosa: un abrazo de un amigo, un rato jugando en el jardín, una sorpresa, el buen tiempo, una comida rica, etc.

Cada uno deberá identificar sus alegrías diarias y plasmarlas en el cuaderno.

Es importante hacerlo antes de acostarse ya que rememorarlo para escribirlo permitirá que el cerebro, por la noche, se duerma recordando lo bueno. Así los momentos menos agradables quedan fuera de la mente.

Escribirlo o dibujarlo facilita al cerebro que lo fije en la memoria y esto servirá de entrenamiento para desarrollar nuestra atención en las cosas buenas que nos pasan.

Al final de la semana se puede organizar una asamblea, para compartir con el resto del grupo esos momentos de felicidad que hayamos registrado.

EL JARDÍN DE LA ALEGRÍA

La alegría es una emoción que puede cambiar nuestras vidas, ya que influye de forma positiva en nuestro modo de pensar y de actuar.

Mediante esta actividad conseguiremos una reflexión sobre aquellas pequeñas cosas que nos hacen sentir alegres, para darnos cuenta de su valor y comprender que la felicidad no está en los grandes acontecimientos, sino en las pequeñas cosas del día a día.

OBJETIVOS

- Identificar emociones.
- Favorecer la reflexión sobre las pequeñas cosas que nos hacen estar alegres.
- Fomentar el uso de pensamientos y actitudes positivas.

EDAD RECOMENDADA

10 años en adelante.

MATERIALES

- Cartulinas de colores.
- Revistas para recortar o fotografías previamente impresas.
- Rotuladores, tijeras, pegamento, adhesivo, material para escribir y dibujar.
- Ficha: «MIS ALEGRÍAS».

INSTRUCCIONES

Explicación previa y desarrollo:

Todos deseamos ser felices y que aquellos a los que queremos sean felices también; pero... ¿qué es eso de ser feliz?

Podemos pensar que estaremos alegres cuando tengamos ese juguete que tanto deseamos, cuando nos compren unas zapatillas nuevas; creemos que seremos felices si sacamos buenas notas, incluso cuando acabe el curso y estemos de vacaciones; o tal vez podemos pensar que seremos felices cuando seamos mayores y tengamos o podamos hacer todo lo que queremos. Pero... ahora mismo, justo ahora, ¿somos felices?

Es muy importante que, además de preocuparnos por el día de mañana, procuremos ser felices hoy. Vamos a reflexionar sobre nuestras pequeñas alegrías de cada día, que se convertirán en las grandes alegrías de nuestra vida.

Se repartirá la ficha «MIS ALEGRÍAS», dando a los participantes tiempo suficiente para reflexionar y para completarla.

La felicidad, como os estaréis dando cuenta, no consiste en grandes cosas, sino en las pequeñas cosas del día a día, desde una sonrisa de alguien que nos quiere hasta el momento de jugar con nuestros amigos, de estar con los abuelos, etc.

La felicidad es como un jardín que está formado por flores. Cada flor representa una alegría y todas juntas crean el jardín de la felicidad.

Ahora cada uno de nosotros vamos a crear nuestro jardín en una cartulina, creando flores para ponerlas en nuestro jardín.

Cada participante recortará varias flores en las cartulina y sobre cada una de ellas pegará una foto o escribirá o coloreará lo que sea que para él representen esas pequeñas alegrías de cada día.

Una vez terminados se colgarán los diferentes jardines decorando el aula o el cuarto de jugar y, cada vez que los participantes se sientan tristes, les servirán para recordar las pequeñas cosas que les hacen felices.

MIS ALEGRÍAS

Momentos en los que me he sentido alegre:

....

¿Qué ocurrió para sentirme alegre?

....

¿Cómo lo siento en mi cuerpo?

....

¿Qué pienso cuando estoy alegre?

....

¿Qué hago cuando me siento alegre?

....

¿Qué puedo hacer para alargar ese momento de alegría?

....

hello!

MI CAJA DE SONRISAS

La sonrisa contribuye al pensamiento positivo y al bienestar de los niños.

El juego de la sonrisa facilita la reflexión sobre aquellas pequeñas cosas que nos hacen sonreír cada día. Es importante saber qué cosas nos hacen felices, tenerlas en cuenta y contemplarlas a diario.

OBJETIVOS

- Desarrollar el pensamiento positivo.
- Comprender la importancia de la alegría para el bienestar.
- Desarrollo de habilidades para descubrir el lado bueno de las situaciones.

EDAD RECOMENDADA

6 años en adelante.

MATERIALES

- Ficha «Mis sonrisas».
- Caja de cartón.
- Material para escribir, dibujar, recortar y pegar.

INSTRUCCIONES

Explicación previa y desarrollo:

Cuando estamos alegres sonreímos y nos sentimos bien, por eso la sonrisa es la expresión de la alegría. Estar contentos nos ayuda a sentirnos bien y hacer las cosas más a gusto.

A veces ocurren circunstancias que hacen que nos sintamos tristes o enfadados, etc., y que olvidemos todas las razones que tenemos para estar alegres.

Es importante fijarnos en las cosas que nos hacen sonreír, las razones que tenemos para sentirnos contentos y conseguir pensar en esas cosas cuando nos sintamos tristes y a punto de olvidarlas.

Se invitará a los participantes a pensar en aquellas cosas que les hacen sonreír y sentirse alegres. Puede ser cualquier cosa: una película, una canción, una persona, una comida, las cosquillas, un chiste, etc., y se les pedirá rellenar la ficha «Mis sonrisas» o se les ayudará a hacerlo si son muy pequeños.

Una vez rellenada la ficha, cada participante preparará su **Caja de sonrisas**, decorando la caja de cartón a su gusto.

Ahora que sabemos qué cosas nos hacen sonreír y tenemos nuestra caja, vamos a preparar eso que nos hace sonreír para guardarlo en la Caja de las sonrisas. Lo dejaremos allí dentro para cuando las necesitemos.

Desde hoy, cada día miraremos lo que tenemos dentro de la caja, para aprender a sonreír a diario y, sobre todo, lo haremos cuando menos nos apetezca sonreír porque estemos tristes o enfadados.

Cada participante preparará sus sonrisas, en las que estará representada cualquier cosa que le recuerde a aquello que le hace sonreír: la foto de alguien o de algún momento, o de un paisaje, un objeto, una canción, una pequeña nota con un chiste, un dibujo, etc. Lo importante es que sean cosas que para cada uno de ellos tengan un significado y que, al verlas, provoquen en ellos una sonrisa.

MIS SONRISAS

Cosas que me hacen sonreír	¿Estoy solo o acompañado?	¿Qué pienso en ese momento?	¿Cómo me siento?	¿Qué hago?

LA TRISTEZA

La tristeza: la forma en la que afrontamos una pérdida.

La tristeza es una emoción básica, igual que lo son el miedo o el enfado, la alegría o la sorpresa. Todos nos hemos sentido alguna vez tristes y los niños no son una excepción.

La tristeza surge cuando perdemos algo o a alguien, cuando nuestras expectativas no se pueden llevar a cabo o cuando por circunstancias de la vida vivimos algún acontecimiento doloroso.

Algunas veces la tristeza se siente insoportable, se alarga en el tiempo, la elaboramos en nuestra mente, se convierte en sentimiento y entonces nos encontramos con la pena.

La tristeza, la pena y la pérdida son parte de la vida y, por ello, en estas páginas quiero ayudarte a entender la tristeza, para que puedas acompañar, con sabiduría, paciencia y mucho amor, a un niño a navegar a través de esta emoción real, humana e inevitable.

¿PARA QUÉ SIRVE LA TRISTEZA?

- Para crear conexión con los demás y generar empatía en ellos. Mediante la tristeza hacemos saber a quienes nos rodean que necesitamos su apoyo, su consuelo, su afecto o, simplemente, mimos.
- La tristeza, como hemos visto, está asociada a una pérdida y genera en nuestro cuerpo actitudes de retiro, de introspección, de ralentización. Nos pide estar quietos, en silencio, recogidos, actitud

imprescindible que nos concede el tiempo que podamos necesitar hasta asumir esa pérdida y asignar nuevas escalas de necesidades.

Cuando la situación sea triste, déjate sentir triste.

¿CÓMO AYUDAR A UN NIÑO CON LA TRISTEZA?

Muéstrale que tú también sientes tristeza
Deja que vean que tú también tienes sentimientos y que observen cómo los manejas. Eso les ayuda a normalizar su experiencia y a sentirse más seguros, y no juzgados, al hablar sobre lo que está ocurriendo en su vida.

Revisa cómo vives tu propia tristeza. El niño necesita sentirse seguro y protegido para poder acudir a ti, no sentir que ha de cuidar de ti.

Permite que sienta su tristeza, no trates de ahogarla
No fuerces al niño a seguir adelante o a dejar de lado su tristeza demasiado rápido: puede hacer que su tristeza, al no ser expresada, se enquiste.

La tristeza es saludable, importante y normal.

Ayúdale a que no evite hablar de aquello que amaba y que ha perdido
Cuando sentimos tristeza muchas cosas no tendrán sentido por un tiempo y será completamente normal que evitemos aquello que solemos amar.

Ante una pérdida, mucho de lo que en su momento pudiera ser importante y divertido toma un significado diferente, por lo que no sería de extrañar que el niño se sienta diferente, como si le faltara algo o alguien.

Acompáñalo, anímalo, pero no presiones ni le obligues; todo lleva su tiempo.

Entiende la relación que existe entre la tristeza y la ira
Quizá hayas observado que niños y adultos tristes cambian rápidamente de sentimiento y pasan de una profunda tristeza a un arrebato

de enojo. Para los niños no resulta sencillo gestionar ese enfado asociado a la tristeza y por eso tienden a darle salida con aquellos con quienes se sienten más cómodos y protegidos.

Comprender de dónde viene ese enfado repentino y saber qué les está pasando te ayudará a desarrollar tu compasión y tu empatía: sé paciente.

Vigila su silencio...

No caigas en la trampa de interpretar su silencio como una señal de que todo va bien. Es posible que lo que esté ocurriendo es que el niño no sepa poner palabras a lo que siente.

Busca ese equilibrio entre respetar su silencio y estar alerta. El silencio puede ser una señal de que necesitan ayuda para expresar lo que están sintiendo, para encontrarle sentido a lo que haya sucedido o pueda estar sucediendo en su vida. También puede ser que esté esperando que alguien le apoye y le sostenga en ese momento que siente que su mundo se está viniendo abajo.

...y a la vez déjalo hablar

Permítele hablar sobre su pérdida (un ser querido, una mascota, un juguete, una amistad...) los niños necesitan saber que lo que están sintiendo está bien, es normal. Necesitan de ti para llenar los vacíos de aquello que no logran entender.

Necesitan saber que no hay nada de lo que no puedan hablar contigo; necesitan revisar lo ocurrido y repasarlo contigo, ya que cuando uno verbaliza lo ocurrido, frecuentemente deja de ser tan importante. Verbalizar algo nos ayuda a ponerlo todo en contexto y nos permite cambiar nuestra mirada sobre lo ocurrido.

¿QUÉ PRODUCE TRISTEZA A UN NIÑO?

A los adultos no nos gusta ver a nuestros pequeños tristes, nos duele verlos así e intentamos evitarles este sentimiento de todas las formas posibles, lo cual es imposible ya que la tristeza es parte de la propia vida.

Cuando un niño se siente triste suele deberse a algún acontecimiento como, por ejemplo:

El nacimiento de un hermano
Afrontar la llegada de un «pequeño rival» supone una pérdida de estatus en el hogar ante un recién llegado que necesita mucha dedicación de los padres. En la página 123 encontrarás un capítulo dedicado a los celos.

Siente que no encaja en un grupo
Estar en clase y no ser invitado a jugar, o acercarse a un grupo y ser rechazado, o la autoexclusión asociada a la timidez... En todos estos casos sería conveniente evaluar qué más está ocurriendo para que esto suceda.

Una pérdida real
Un cambio de colegio, el divorcio de los padres, una ausencia prolongada de los padres, mudarse de casa, el fallecimiento de un ser querido o una mascota, la pérdida de una posesión o la partida de un compañero son motivos de tristeza para un niño.

Que nuestro pequeño tenga momentos de tristeza no ha de preocuparnos; al contrario, es importante que aprenda a gestionar esos momentos.

En cualquier caso, si notas que el niño está triste, desanimado, con poco apetito y no existen motivos aparentes, no dejes de consultar con un especialista para evaluar si pudiera tratarse de algo más complicado.

¿CÓMO MANIFIESTAN LOS NIÑOS LA TRISTEZA?

Los niños pueden expresar su tristeza de diversas formas, algunas similares a como lo hace un adulto, otras mucho más sutiles. Cuando se divierten y están felices se ríen, juegan y se muestran alegres; cuando tienen miedo, suelen permanecer inmóviles y callados hasta que el susto se les pasa, pero cuando están tristes, la manera que tienen de manifestar esa emoción no resulta tan clara.

En términos generales, un niño que se siente triste:

- está decaído y apático o todo lo contrario, se muestra hiperexcitado o ansioso;

- está más llorón de lo habitual;
- ha perdido el apetito o come en exceso;
- duerme mal o solo quiere dormir;
- habla poco cuando suele ser ruidoso y parlanchín.

En definitiva, hemos de estar atentos a los cambios bruscos en su comportamiento.

¿QUÉ NO HACER CUANDO UN NIÑO ESTÁ TRISTE?

Cuando la tristeza se apodera de los niños hay determinados comportamientos en los que NO debemos caer ya que no les benefician. Queremos ayudarles a identificar sus emociones y a gestionarlas, no a fingir ni reprimirlas, ya que eso solo las entierra de tal manera que, cuando brotan, lo hacen con más fuerza.

Por eso, evitemos:

- **Burlarnos**
  La típica frase de «Eres un llorón» lo único que hace es frenar su expresividad emocional y enseñarle que debe ocultar ante los demás lo que siente.
- **Reñirle**
  Evita usar frases del tipo «Pero... ¡ya estás otra vez llorando!».
- **Castigarle**
  «Como sigas llorando vas a acabar haciéndolo con motivos». Con una frase amenazante, similar a esta, solamente le estamos dejando un camino: que deje de llorar y se aguante su tristeza. Por el contrario, un abrazo le ayudará a sentirse reconfortado y acompañado en su dolor.
- **Restarle importancia**
  Evita frases del tipo «Venga, anda, que no es para tanto». Aunque te parezca irrelevante o una chiquillada, para él tiene mucha importancia el acontecimiento que la ha desencadenado.

  Hemos de enseñarle a reducir la intensidad de su dolor o tristeza pero sin minimizar su impacto ni invalidar lo que siente.

- **Meterle prisa**
  Si le preguntamos cómo se siente y no contesta, es muy común que tendamos a presionarle para que responda.
  Sé paciente, solamente hablará cuando sepa que cuenta con tu apoyo; por eso es importante que le hagamos sentir escuchado y apoyado en todo momento.

En definitiva, hemos de estar ahí cuando nos necesiten y hemos de facilitarles poder expresar cómo se sienten en cada momento. Esto solo se consigue bajo un clima de respeto y diálogo constante desde muy temprana edad.

¿CUÁNDO ES TRISTEZA Y CUÁNDO ES FRUSTRACIÓN?

Es importante no confundir la tristeza con la frustración. Un niño que llora porque se le niega algo que pide, o se enfada cuando no le salen las cosas a la primera, no significa que esté triste.

Ellos no saben dedicar el tiempo y el esfuerzo que su objetivo necesita para ser alcanzado, les resulta imposible manejar la frustración y por eso rompen en llanto, reclamando al adulto que lo resuelva por él.

¿QUÉ HACER PARA AYUDAR A UN NIÑO A GESTIONAR LA TRISTEZA?

Sin duda, y como con todas las emociones, hemos de estar al lado del niño y facilitar que exprese lo que le pasa, cómo se siente y que identifique qué es lo que sucedió que le llevó a sentirse así. En muchas ocasiones ni él mismo sabrá qué es lo que le pasa, por eso necesitará de nuestra ayuda.

Los niños, cuando se sienten confusos, tienden a expresar esta confusión con agresividad, con empujones, patadas u otras conductas similares, de ahí que la frustración, el enfado y la tristeza muchas veces vayan de la mano.

Nuestra tarea en esos momentos es ayudarles a liberar ese sentimiento. Todos tenemos derecho a sentirnos como nos sentimos: alegres, frustrados, enfadados, tristes... lo que sea que sintamos es importante y no hay que esconderlo. Lo que sí debemos es aprender a manifestarlo de una forma sana, sobre todo cuando lo que sentimos, hacemos o decimos pudiera llegar a herir a los demás.

No ocultemos nuestra tristeza cuando la sintamos. Nuestros hijos aprenden también de nuestras expresiones emocionales, por eso es fundamental que les hagamos ver cuándo nos sentimos tristes y por qué nos sentimos así. Esos ejemplos de cómo manejarlo les serán de ayuda cuando sean ellos quienes se sientan de forma similar. Explícale que es una emoción que se termina pasando cuando consigue entenderla, afrontarla y aceptarla.

ACTIVIDADES Y JUEGOS PARA TRABAJAR LA TRISTEZA

ALEGRE-TRISTE

Esta dinámica permite explorar las emociones de alegría y tristeza para identificar cuándo ocurren cada una de ellas, qué cosas pensamos cuando ocurren, qué cosas hacemos, cómo son nuestras reacciones, etc.

OBJETIVOS

- Reconocer las emociones de alegría y tristeza.
- Desarrollar la capacidad de identificar los propios estados emocionales.

EDAD RECOMENDADA

4 años en adelante.

MATERIALES

- Fichas Alegre-Triste.
- Material de escritura.

INSTRUCCIONES

Explicación previa:

Seguro que muchas veces os habéis sentido alegres y también muchas otras veces tristes. También habréis visto a vuestros padres, abuelos, amigos o compañeros sentirse tristes en unos momentos y, en otros, todo lo contrario.

Hoy vamos a pensar un poco sobre estas emociones: es muy importante saber reconocer cuándo uno se siente triste o alegre y descubrir cómo nos comportamos en esos casos.

Desarrollo:

Se repartirá una ficha de trabajo a cada participante, pidiendo que la completen y reflexionen sobre sus respuestas.

Si son muy pequeños y tienen dificultades para responder, sería conveniente comenzar haciendo la reflexión en grupo y pedirles que completen después su ficha con nuestra ayuda.

Tras completar las fichas se hará una puesta en común, para reflexionar juntos sobre las diferentes situaciones que nos hacen estar alegres o tristes, y conocer las diferentes opiniones y experiencias de los demás.

ALEGRE - TRISTE

¿Está alegre o triste?

....

¿Qué ocurrió para que se sienta así?

....

¿Qué piensa?

....

¿Qué siente?

....

¿Qué hace?

....

¿Qué otras cosas pueden haber pasado para que se sientan así?

....

ALEGRE - TRISTE

¿Está alegre o triste?

....

¿Qué ocurrió para que se sienta así?

....

¿Qué piensa?

....

¿Qué siente?

....

¿Qué hace?

....

¿Qué otras cosas pueden haber pasado para que se sientan así?

....

EL MIEDO

Los miedos deben «airearse» y sacarse a la luz; deben aceptarse y atravesarse para poder seguir adelante.

DESCUBRIENDO EL MIEDO

Los miedos infantiles son parte de su desarrollo. Los niños temen circunstancias u objetos que los adultos no encuentran amenazantes, por eso, enseñar a los niños a superar los miedos irracionales puede resultar frustrante, ya que nada de lo que digas pareciera ayudarlos a sobrellevar su angustia.

Algunos niños son más miedosos que otros y dependerá de:

- **Su personalidad**: algunos niños son más sensibles y emocionales.
- **Miedos de los padres**: los niños aprenden cómo comportarse ante el peligro viendo a sus padres.
- **Sobreprotección**: un niño sobreprotegido se siente vulnerable.
- **Eventos estresantes**: ciertas situaciones como una enfermedad, un fallecimiento o la separación de los padres pueden afectarle de forma considerable.

El miedo es el guardaespaldas de tu hijo.

EL MIEDO NO ES MALO

El miedo nos hacer reaccionar ante situaciones de peligro, real o potencial. Nos aleja de forma instintiva de situaciones o personas que pudieran suponer para nosotros una amenaza.

El miedo evita que corramos riesgos innecesarios, aunque el problema aparece cuando el miedo se descontrola y es tan fuerte que limita nuestra vida. En estos casos el niño lo pasa muy mal y la falta de regulación del miedo puede generarle mucha ansiedad.

Muchos de los miedos y fobias infantiles aparecen como imitación del comportamiento de los adultos que le rodean, por esa razón, si somos miedosos, debemos gestionar nuestro propio miedo para no inculcárselo a nuestro hijo.

Para poder ayudar a nuestros hijos a superar sus miedos, comencemos por conocer cuáles son sus miedos a lo largo de su desarrollo.

LOS MIEDOS POR EDADES

- Hasta los seis meses un bebé no expresa miedo propiamente dicho.
- De los 6 meses a los 2 años de edad las principales causas de miedo son la oscuridad, los ruidos fuertes, los desconocidos, separarse de los padres, miedo a sentir dolor y a los animales.
- Entre los 3 y 5 años se mantienen todos menos el miedo a los desconocidos, que desaparece, pero aumenta el miedo al dolor y surge el miedo a las personas disfrazadas, sobre todo a los payasos.
- Entre los 6 y los 8 años disminuye el miedo a las personas disfrazadas y a los ruidos fuertes, surge el miedo a los seres fantásticos como monstruos, brujas o fantasmas, así como el miedo a las tormentas, a los accidentes, a los médicos y a la soledad.
- Entre los 9 y los 12 años va desapareciendo el miedo a la oscuridad y a los seres imaginarios, pero aparecen los miedos relacionados con los estudios y exámenes, el miedo a no ser aceptado y el miedo a la muerte.
- A partir de los 12 años van desapareciendo todos los miedos anteriores, sobre todo el miedo a la muerte o a las situaciones peligrosas, pero se incrementan los relacionados con su esfera social y con sus logros académicos y deportivos.

CLAVES PARA AYUDAR A UN NIÑO CON MIEDO

Los miedos en los niños son complicados de prevenir, pero podemos ayudarles a superarlos. Las principales claves para hacerlo son:

- No le protejas en exceso pues ha de aprender a valerse por sí mismo.
- Transmítele seguridad y tu apoyo.
- Habla con él sobre sus miedos, cuéntale los tuyos y analizad juntos la situación con naturalidad.
- No le regañes por sentir miedo, ya que puede pasar de tener un miedo a tener una fobia.
- Si a la propia situación temida le sumamos el miedo a tu enfado, lo llevará aún peor.
- Acompáñale a afrontar sus miedos, juntos, poco a poco y a su ritmo.
- Nunca ridiculices su miedo: es importante que no le hagas sentir mal por ello.
- Valora sus esfuerzos y motívale: celebra cualquier pequeño avance en superar ese miedo.
- Nunca le amenaces con aquello que le asusta: es una crueldad y haremos aumentar su sensación de miedo.
- Ten mucha paciencia y ofrécele todo tu apoyo, que sienta que estás ahí siempre que lo necesite.
- Y sobre todo: no le transmitas tus propios miedos.

Cuando un niño siente miedo, le cuesta imaginarse su mundo sin estas preocupaciones, por lo que es necesario poner a su alcance las herramientas necesarias para que se sienta protegido y a salvo, y eso es lo que vamos a hacer en las siguientes páginas.

Un miedo de infancia no resuelto puede desembocar en conductas violentas y/o depresivas en la edad adulta.

ACTIVIDADES Y JUEGOS PARA SUPERAR EL MIEDO

NUNCA ataques a un niño porque sienta miedo, ni le fuerces a enfrentarse a situaciones que lo atemorizan.

7 SENCILLAS ACTIVIDADES PARA SUPERAR LOS MIEDOS

1. Contar historias
Representar situaciones o leer libros sobre una situación de miedo puede ayudar a los niños a superarla. Los niños, a menudo, se identifican con el personaje que comparte el mismo problema y sale victorioso.

2. Dibujar el miedo
Cuando un niño no puede hablar de su miedo, invítalo a que lo dibuje. Una vez tenga el dibujo, favorece que te hable de él y juntos analizad la situación para incentivarlo a que lo solucione.

3. Hacer sombras chinas
Con ello le ayudas a diluir el miedo a la oscuridad y a los seres nocturnos.

4. Jugar al escondite
Esta actividad le permitirá enfrentarse al miedo a estar solo. Además de divertir, les ayuda a superar el miedo al abandono y la separación.

5. Construir una escalera del miedo
Cread juntos una lista de cosas que le provocan temor y ayúdale a organizarla de lo menos terrorífico hasta lo más aterrador. Eso le ayudará a ponerlos en perspectiva.

6. Identificar ruidos nocturnos
Cuando hay calma, los ruidos suenan más que nunca. Probad a quedaros a oscuras y escuchad los ruidos de la noche: la lluvia, los truenos, los búhos, el viento… o los ruidos de la casa: los vecinos, el ascensor… Ayúdale a identificarlos y hablad sobre lo que escucháis.

7. Hablarle sobre tus propios miedos
Expresa tus miedos y cuéntale qué haces para superarlos. Esto permitirá al niño aprender a expresar sus propias inquietudes.

Acompáñalo. Te necesita a su lado para crecer.

MI CAJA DE LOS MIEDOS

Esta actividad permite a los niños reconocer sus miedos y reflexionar sobre ellos para llegar a ser capaces de afrontarlos.

OBJETIVOS

- Reconocer los miedos y el sentido que tienen.
- Desarrollar la capacidad de reflexionar sobre el miedo.
- Afrontar los miedos con seguridad.

EDAD DE LOS PARTICIPANTES

5 años en adelante.

MATERIALES

- Caja vacía con tapa que cierre bien.
- Ficha de trabajo.
- Material para decorar la caja, rotuladores, tijeras, pegamento, celo, periódicos, revistas.
- Tarjetas o trozos de cartulina en blanco y material de escritura.

INSTRUCCIONES

Explicación previa:
Hay muchas situaciones que a todos nos dan miedo y ese miedo, a veces, nos impide hacer muchas cosas. Por eso vamos a hacer cada uno nuestra propia caja de miedos para guardarlos dentro de ella y poder hacer muchas cosas sin miedo.

Desarrollo:
Cada participante decorará su caja a su gusto, empleando la técnica que prefieran: pegar, recortar, escribir, colorear, etc.

Una vez la tengan preparada, se comenzará a crear la lista de los miedos, invitándoles a pensar en todo aquello que les asuste, poniendo algún ejemplo para ayudarles. Cada participante elaborará su propia lista de miedos.

A continuación se les pedirá que cojan las tarjetas y, con el material que necesiten, que dibujen, escriban o peguen fotografías para recrear su miedo. Cada tarjeta ha de representar un miedo distinto.

Con la caja preparada y las tarjetas elaboradas, se les pedirá que rellenen una ficha por cada uno de los miedos. Si son niños pequeños, se les ayudará a hacerlo.

Sentados en círculo se realizará una puesta en común, para que cada participante explique a los demás sus miedos con el fin de que vean que todo el mundo tiene miedos, lo que les hará sentir la comprensión del grupo.

Finalizaremos la actividad con una reflexión similar a la siguiente:

No queremos que nuestros miedos nos impidan ser nosotros mismos y hacer cosas que queremos hacer, por eso vamos a guardar los miedos en la caja de los miedos, que es donde deben estar.

Puede que alguna vez se escapen de la caja, entonces nos tocará buscarlos y volverlos a meter.

También puede que aparezca algún miedo nuevo. En ese caso haremos como hemos hecho con estos y lo guardaremos en la caja de los miedos.

Enseñemos a los niños a manejar el miedo para que el miedo no acabe manejándolos a ellos.

FICHA DE LOS MIEDOS

Me da miedo

....

¿Cuándo me da miedo?

....

¿Por qué me da miedo?

....

¿Tengo razones reales para tenerle miedo?

....

¿Qué ocurre cuando tengo miedo a esto?

....

¿Qué cosas no me deja hacer este miedo?

....

EL FANTASMA COME-MIEDOS

A través de este juego vamos a trabajar los miedos para ayudar a los niños a ver que «no son para tanto».

OBJETIVOS

- Reconocer sus miedos.
- Discriminar entre los que son útiles y los que no lo son.

EDAD DE LOS PARTICIPANTES

5 años en adelante.

MATERIALES

- Papel continuo o tela blanca de sábana.
- Cartulina negra para la boca del fantasma y los ojos.
- Folios.
- Material de dibujo y escritura, tijeras, adhesivo, etc.

INSTRUCCIONES DE LA ACTIVIDAD

Preparación:

Previamente al inicio de la actividad, el adulto encargado de la actividad elaborará por parte del alumno un fantasma de al menos 1 metro de altura, con papel continuo o un trozo de tela, con boca muy grande recortada, como un gran buzón. Se utilizará una cartulina negra que represente el paladar y los ojos del fantasma.

Se pegará en una pared para que los participantes se lo encuentren por sorpresa, cuando entren en la habitación.

Explicación previa y desarrollo:

Esta noche nos ha visitado el fantasma Come-miedos y, como le ha gustado este sitio, ha decidido quedarse unos días con nosotros; así que tenemos que cuidarlo. A este fantasma le encanta comerse los miedos de los niños.

Vamos a pensar tranquilamente en qué cosas nos dan miedo a cada uno y se lo contamos a los compañeros.

Esta es una buena oportunidad para hablar de esas cosas que «deben dar miedo», como meter los dedos en el enchufe o cruzar la calle sin mirar, y hacerles ver que el miedo sirve para algo, pero tenerle miedo a cosas que no son reales nos hace daño.

Nuestro invitado el fantasma come todos esos miedos que nos hacen daño, que no nos dejan hacer cosas o que no sirven para nada, así que se los vamos a meter en la boca porque nosotros no los necesitamos y a él le gusta comérselos.

Se repartirán folios para que cada participante escriba o haga un dibujo que represente esos miedos que no necesita y los introduzca por la boca del fantasma.

Después de regalarle los miedos notaremos que nos sentimos mejor y que no nos asustan tanto.

Como el fantasma se quedará unos días, dejaremos a mano folios suficientes para que, a medida que a los participantes se les vayan ocurriendo más miedos, puedan dárselos de comer.

LA RABIA

LA RABIA Y EL ENFADO

La rabia y el enfado son dos emociones que generan malestar y que no siempre son fáciles de manejar. Están estrechamente vinculadas entre sí: el enfado no expresado suele desembocar en rabia y esta, a su vez, siempre va acompañada de enfado.

La rabia nos avisa de que tenemos que poner límites.

La ira, la rabia, el enfado, todas ellas emociones que podríamos considerar de la misma familia, nos avisan de que algo que no nos gusta o con lo que no nos sentimos cómodos está ocurriendo y nos invita a hacer saber a los demás aquello que nos desagrada.

Cuando estas emociones aparecen y no sabemos gestionarlas influyen en la forma en la que expresamos ese desagrado y nos pueden hacer llegar a conductas no deseadas, a veces disruptivas e incluso violentas, que afecten a la relación que mantenemos con quienes nos rodean y, sobre todo y lo más importante, con nosotros mismos.

Todos hemos experimentado el enfado en alguna ocasión. Cuando este crece, se hace intenso y acaba dominando nuestro interior, nuestros pensamientos y nuestra conducta, es entonces cuando decimos que nuestro enfado se ha convertido en rabia o ira.

DESCUBRIENDO LA RABIA Y EL ENFADO

1. Los niños pueden manejar su enfado, su rabia, pero necesitan que nosotros, los adultos, les enseñemos a hacerlo. El primer paso será, siempre, identificar aquello que están sintiendo y, posteriormente adquirir las herramientas para manejarlo.
2. Explícale qué es la emoción de la rabia y que una de sus expresiones o intensidades es el enfado. Para ello apóyate en ejemplos, lecturas o historias, etc.
3. Explícale la conexión que existe entre nuestros pensamientos, nuestras emociones y la forma en la que estas nos hacen comportarnos.
4. Hazle saber que el enfado es algo normal; ayúdale a reconocer las situaciones en las que se enfada y cómo suele reaccionar.
5. Fomenta la reflexión sobre sus enfados. Pregúntale y, sobre todo, escucha: cuándo ha experimentado enfado, cómo se sentía, qué ocurre cuando se enfada, cómo reaccionan los demás, cuales fueron las consecuencias o resultados, etc.
6. No respondas a su enfado con enfado por tu parte. Recuerda que necesita aprender a manejarlo. Ayúdale a calmarse sin invalidar lo que está sintiendo, ni restando importancia a la situación que generó su enfado.
7. Refuerza, siempre, siempre y siempre, sus logros.

SABER GESTIONAR UN ENFADO ES EL PASO PREVIO A LA ASERTIVIDAD

La asertividad es la habilidad de expresar de una forma amable, franca, abierta, directa y adecuada nuestras necesidades, deseos, opiniones y puntos de vista, logrando decir lo que queremos sin atacar ni molestar a los demás. Consiste saber decir «NO» y poner límites desde el respeto y ¿de qué nos avisan la rabia y el enfado sino de que tengo que expresar mis límites?

Trabajar la rabia y el enfado con niños les permitirá aprender a expresar eso que les disgusta o desagrada de una forma que no sea ni explosiva ni agresiva, es decir, aprenderán a ser asertivos. Manejar el enfado consiste en expresar la emoción, sin dejárnosla dentro, y sin dañar a los demás; para ello en las siguientes páginas encontrarás pautas, juegos y actividades que te serán de utilidad.

Enseñemos a los niños a entender la rabia, y no tanto a evitarla.

CONSEJOS PARA AYUDAR A LOS NIÑOS A MANEJAR LA RABIA

Todos nos enfadamos y todos tenemos derecho a que las cosas nos enfaden.

- **No pretendas que reprima su enfado**

La rabia es una emoción, y como tal es válida y no se puede controlar; lo que tendrá que aprender a controlar es su conducta cuando está enfadado.

- **No le chantajees emocionalmente cuando se enfada**

Frases como «si te enfadas así no te van a querer», lejos de lograr que el niño cambie su conducta, les convierten en personas inseguras y sumisas.

- **Corrige desde la calma**

Si el niño está enrabietado y yo trato de corregirle con gritos jamás lograré mi objetivo.

- **No pongas consecuencias a su enfado, sino a su conducta**

Es decir, no voy a dejar al niño ver una película por enfadarse, sino por dar una patada a su hermano. Todos tenemos derecho a enfadarnos, pero no a insultar, golpear o romper cosas.

- **Predica con tu ejemplo**

Si los adultos nos enfadamos y gritamos a los niños cuando hacen algo que no nos gusta, o pasa algo que nos molesta, los niños aprenderán de nosotros que esa forma de comportarse es válida.

ACTIVIDADES Y JUEGOS PARA MANEJAR LA RABIA

EL GLOBO DEL ENFADO

Mediante este juego invitamos a los niños a una reflexión sobre la emoción del enfado, para que identifiquen qué situaciones les hacen enfadar, cómo experimentan esa emoción y cómo expresan su enfado o, si por el contrario, lo dejan en su interior.

OBJETIVOS

- Desarrollar la capacidad de identificar y aprender a expresar su enfado.
- Fomentar la conciencia sobre sus sensaciones cuando está enfadado.
- Favorecer la capacidad de reconocer el enfado en los demás.

EDAD RECOMENDADA

5 años en adelante.

MATERIALES

- Tres globos por participante.
- Material de escritura.
- Ficha de trabajo.

INSTRUCCIONES

Explicación previa:

El enfado es una emoción normal, todos nos enfadamos en algún momento, lo importante es saber expresarlo de forma adecuada. Para ello vamos a identificar qué cosas nos hacen enfadarnos, por qué nos enfadan y cómo podemos expresarlo.

Fase 1:

Se le entregará la ficha «Mis enfados» a cada uno de los participantes, dándoles un tiempo para que reflexionen sobre ello y la rellenen. Posteriormente se pondrán en común las diferentes anotaciones para hacer una reflexión en grupo.

En edades tempranas se trabajará la ficha en grupo, siendo el adulto quien vaya recogiendo las opiniones y aportaciones y cumplimentando la ficha.

Fase 2:

A continuación, se les explicará la segunda parte de la dinámica.

Ya conocemos mejor el enfado; ahora vamos a ver diferentes formas de expresarlo, para lo que vamos a usar un globo.

Existen tres maneras de expresar el enfado:

- *No decir nada: si no lo expresamos, los demás no saben que estamos enfadados ni tampoco qué ha pasado que nos molesta y quizá sigan haciendo o siga pasando eso que nos enfada. Es como si nos estuviéramos llenando poco a poco de aire como un globo. Y se llena y se llena hasta que acaba explotando, lo cual será desagradable para nosotros y los que nos rodean (durante la explicación, el adulto irá llenando poco a poco el globo, haciendo varias pausas, hasta que explote).*
- *Quedarnos con el enfado y expresarlo con rabia: los demás pueden ver que estamos enfadados, pero no sabrán qué ha pasado que nos molesta tanto, por tanto puede ser que vuelva a ocurrir. Nuestro globo se llena de golpe y estalla, lo cual no es agradable ni para nosotros mismos ni para los demás (se llenará al máximo el globo hasta que explote).*
- *Decir con tranquilidad, pero con sinceridad y seguridad, cómo nos sentimos y qué es lo que nos ha hecho enfadar. Lo más importante es darnos cuenta de que queremos que los demás nos entiendan. Explicar lo que nos ha hecho enfadar y cómo nos sentimos es como dejar salir suavemente un*

poquito de aire del globo haciendo que nuestro malestar desaparezca (se representará con el globo).

Finalmente, cada uno de ellos cogerá la ficha y compartirá con el grupo aquello que le hace enfadar y probará, con un globo, las tres formas de expresar el enfado.

MIS ENFADOS

Me enfado cuando

....

¿Cómo siente mi cuerpo el enfado?

....

¿Qué pienso cuando me enfado?

....

¿Qué hago cuando me enfado?

....

¿Qué hacen los demás cuando me enfado?

....

¿Cómo me siento cuando los demás se enfadan?

....

EL RINCÓN DE LA CALMA: UN ESPACIO PARA AYUDAR AL NIÑO A RECUPERAR LA SERENIDAD

El niño necesita un espacio en donde pueda recobrar la calma previamente a poder recapacitar sobre lo que ocurrió.
La tradicional silla de pensar no sirve para ayudar a que el niño pueda gestionar de forma positiva sus emociones, porque los estados emocionales nublan el entendimiento y pueden llevarle a expresar su frustración llorando, golpeando o incluso llegando a hacerse daño. Por eso te propongo crear un rincón de la calma para facilitarle el manejo de sus «explosiones emocionales».

Este espacio genera un ambiente donde el niño no se siente juzgado en la emoción que siente sino que, por el contrario, le permite hacerse consciente de ella, como primer paso para gestionarla.

CÓMO CREAR UN RINCÓN DE LA CALMA

Busca un espacio tranquilo, un rincón en su habitación, en el aula, en el cuarto de juegos, en donde pueda retirarse en intimidad.

¿Qué elementos debe tener este rincón de calma?

- una alfombra y cojín para que el lugar sea cómodo
- su peluche favorito
- una foto, un dibujo o un peluche de tortuga para recordarle respirar profundamente (ver pág. 102)
- un olor tranquilizador y relajante, como melisa o lavanda
- música que facilite la relajación corporal o instrumentos musicales como los cuencos tibetanos o palos de agua
- el frasco de la calma (ver pág. 106)
- materiales texturizados como arena, semillas, telas, etc.

- cuentos y lecturas con temáticas que le ayuden a reconocer y diferenciar los estados emocionales.

La idea es que un adulto acompañe al niño mientras está en el rincón de calma, hasta que adquiera el hábito de retirarse a este espacio cada vez que se sienta abrumado por una emoción.

No es un castigo y no tiene nada que ver con la antigua «silla de pensar», por eso es importante que el adulto le acompañe mientras está allí, sobre todo al principio. El adulto recordará al niño, de forma tranquila, que ha de respirar hondo le ayudará a localizar en su cuerpo la emoción con los ejercicios correspondientes que ha descubierto en este libro y le animará a utilizar los materiales allí dispuestos para recuperar su calma. De esta forma el adulto se convierte en un guía en ese espacio.

El niño necesita ser reconocido y reforzado en su esfuerzo, por eso, con la presencia del adulto en ese espacio, se siente atendido y acogido, seguro y confiado.

Las rabietas son una invitación del niño a convertirnos en ese héroe que lo socorre cuando se siente ahogado.

LA BOMBA DEL ENFADO

Esta dinámica, además de ayudar a gestionar el enfado, es un excelente primer paso hacia la asertividad.

OBJETIVOS

- Conocer e identificar los signos del enfado.
- Fomentar la reflexión sobre esta emoción: cuándo nos enfadamos, qué hacemos, qué consecuencias nos trae, cómo se sienten los demás ante nuestro enfado, etc.
- Desarrollar estrategias para manejarlo.
- Entrenar la asertividad.

EDAD RECOMENDADA

9 años en adelante.

MATERIALES

- Material de escritura.
- Ficha: «La bomba del enfado».
- Ficha: «Manual para desactivar la bomba del enfado».
- Ficha de estrategias.

INSTRUCCIONES

Explicación previa:

El enfado es una emoción natural y todos, alguna vez, nos hemos enfadado. No es malo estar enfadados, pero debemos tener cuidado con él, ya que el enfado puede ser como una bomba que puede explotar y destrozar todo lo que hay alrededor: cuando guardamos esa bomba dentro de nosotros nos explotará dentro, haciéndonos daño a nosotros mismos, pero cuando la soltamos y explota fuera, haremos daño a los demás.

Como dentro nos hace daño y fuera daña a los demás vamos a descubrir qué podemos hacer para desactivarla y, además, una vez desactivada, aprender a expresar aquello que nos enfada sin atacar a nadie.

Fase 1:

Se repartirá la ficha: «La bomba del enfado».

Conocer cómo son nuestras bombas nos servirá para poder desactivarlas. Se invitará a los participantes a reflexionar sobre su propio enfado, rellenando la ficha con cinco situaciones distintas.

Fase 2:

Seguidamente se entregará a los participantes la ficha con instrucciones para desactivar la bomba del enfado.

Les sugeriremos que cierren sus ojos y recuerden alguna de las situaciones que hayan señalado en la primera ficha; que la recuerden con todos los detalles posibles, dónde estaban, con quién, etc.

Les sugerimos que lo imaginen como si estuviera ocurriendo en ese mismo momento y, desde ese recuerdo, les pediremos que pongan en práctica cada uno de los pasos para desactivar el enfado que esa situación les provocaba.

Con ello comprobarán cómo, efectivamente, pueden desactivar su enfado siguiendo estos pasos.

Fase 3:

Llega la hora de desarrollar estrategias futuras: cada participante hará una revisión de las estrategias que estaba utilizando hasta ahora, valorándolas y recapacitando sobre si son válidas o no, además de aparecer otras muchas nuevas formas de afrontar el enfado.

Situaciones en las que suelo enfadarme

....

¿Por qué me he enfadado?

....

¿Qué pienso cuando me enfado?

....

¿Cómo siente mi cuerpo el enfado?

....

¿Qué hago cuando me enfado?

....

¿Qué hacen los demás cuando me enfado yo?

....

¿Cómo me siento cuando los demás se enfadan?

....

¿Cómo me siento cuando el enfado se me pasa?

....

ESTRATEGIAS	VENTAJAS	INCONVENIENTES	¿REALMENTE QUIERO HACER ESTO?	¿ME HACE SENTIR FELIZ?	ENTONCES: ¿ME SIRVE?

MANUAL PARA DESACTIVAR LA BOMBA QUE SIENTO DENTRO

Para desactivar «la bomba» que estoy sintiendo sigo cada uno de estos pasos:

1. Me voy a un lugar tranquilo unos minutos (al rincón de la calma, si lo tengo).
2. Respiro profundamente contando 20 respiraciones, observando cómo el aire entra y cómo sale de mi cuerpo, cómo llena mis pulmones. Si noto que me he tranquilizado, voy al paso siguiente; si no me he tranquilizado, hago otras 20 respiraciones más.
3. Escribo en un papel cómo me siento y el motivo de mi enfado.
4. Pienso en aquello me ha hecho enfadar y valoro si, en realidad, es tan importante.
5. Intento ponerme en el lugar de la otra persona con la que me he enfadado. Seguramente su intención no era molestarme.
6. Pienso en cómo decirle lo que me ha molestado, con calma, sin explotar.
7. Anoto cómo se lo voy a decir y cómo se lo voy a explicar, siempre diciendo cómo me ha hecho sentir y sin atacar ni insultar al otro.
8. Hablo con esa persona, contándole y explicándole todo esto que he preparado.
9. Escucho al otro, presto atención a sus sentimientos y trato de ponerme en su lugar.

LA CAJA DE LA RABIA

La idea de esta actividad surge a partir del cuento *Vaya Rabieta*, de Mireille d´Allancé, convirtiéndolo en una forma divertida de gestionarla.

OBJETIVOS

- Generar una estrategia para ser conscientes de su rabia.
- Reconocer el impacto que tiene su rabia sobre los demás.
- Regular la emoción de la rabia.

EDAD RECOMENDADA

4 años en adelante.

MATERIALES

- Papel y material de dibujo.
- Una caja con tapa que cierre bien.
- Material para decorar la caja.

INSTRUCCIONES

Explicación previa:

Roberto, el niño de la historia, tuvo un mal día; recibió regañinas, la comida no le gustaba, le castigaron porque no hacía caso, etc. Todo desembocó en una gran rabieta que en el cuento aparece como un gran monstruo que sale de él y que puede hacer lo que quiera sin que nadie, ni siquiera Roberto, pueda controlarlo.

Su rabia en forma de gran monstruo destruye todo lo que encuentra; tira libros, rompe juguetes, deshace la cama, etc.

Un día Roberto, al ver todo lo que el monstruo había hecho, decide reparar todo lo que la rabia había destrozado. A medida que iba arreglando su habitación y poniendo cada cosa en su sitio, se dio cuenta de que ese monstruo de la rabia se iba haciendo cada vez más pequeño hasta que incluso cabía en una caja.

Desarrollo:

A través de esta historia se invitará a los niños a que, cada vez que sientan rabia, dibujen sobre un papel su rabia, para que pueda salir de ellos.

Realizarán garabatos en un papel, con toda su energía y tanto como quieran hasta llegar a relajarse.

Al terminar el dibujo es probable que su enfado también haya pasado.

Se les sugerirá que contemplen lo que han dibujado para tomar conciencia de lo plasmado en el papel y les pediremos que le dibujen «manos» y «pies» para personalizar a su monstruo de la rabia. Esto les relajará, incluso puede que sonrían, y le restarán importancia al problema por el que se habían enfadado.

A continuación deberán arrugar el papel y, con él, al personaje, y depositarlo en la caja con tapa que habremos previamente personalizado; les explicaremos que allí es donde podrán guardar su monstruo, una caja de donde no se podrá escapar.

Lo más importante de esta técnica es que el niño se haga consciente de sus emociones y que aprenda a manejarlas de forma sencilla. Esta simple estrategia le ayudará a manejar sus arranques de ira o agresividad.

Y no olvides: la paciencia es imprescindible en esta situación y en cualquier otra en la que haya niños de por medio.

LA PAPELERA

Es una variante más breve de la actividad «La caja de la rabia».

OBJETIVO

- Estrategia de resolución o gestión del enfado en el mismo momento en el que ocurre.

MATERIALES

- Papel.
- Material de dibujo y escritura.
- Papelera.

EDAD RECOMENDADA

Todas las edades.

INSTRUCCIONES

Ante un niño que muestra enfado, el adulto se acercará y le preguntará: «¿Estás muy enfadado?», con el fin de ayudarle a identificar qué es lo que siente.

Ante su respuesta afirmativa el adulto reconfirmará: «¿Mucho?».

Y, seguidamente, ante su respuesta:

«Sí, te entiendo, yo también me enfado mucho a veces.

Toma este papel y este lápiz y enséñame lo enfadado que estás.

Puedes hacer un borratajo tan grande como quieras para enseñarme cuánto estás de enfadado».

El niño tomará el lapicero y garabateará con fuerza sobre el papel:

«¿Este es tu enfado?... Vaya. Ya veo que estás muy, muy enfadado.

Me parece un enfado realmente enorme. ¿Qué quieres hacer con él?».

Ante la sorpresa del niño por esa pregunta le sugerimos:

«¿Y qué te parece si lo arrugamos y lo tiramos a la papelera?».

El niño cogerá el papel, lo arrugará con fuerza y lo tirará enérgicamente a la papelera.

Seguramente no haga falta preguntar cómo se siente, porque la sonrisa de su cara lo dirá todo: el enfado habrá desaparecido en el fondo oscuro de una papelera.

LA TORTUGA MARÍA

A través de un cuento fomentaremos el uso de la respiración como herramienta de autocontrol para niños nerviosos, con problemas de conducta e incluso para niños con TDAH.

OBJETIVOS

- Adquirir herramientas para el manejo de la rabia.
- Descubrir las técnicas de relajación.

EDAD RECOMENDADA

Todas las edades.

MATERIALES

Ninguno.

INSTRUCCIONES

Explicación previa:
«Conozco a una tortuga que se llama María, que se suele meter en problemas. Cuando está en el colegio y ve que no le salen bien los ejercicios, los rompe; cuando la profesora le riñe, se enfada, y jugando en el patio, si alguien la empuja sin querer, le pega.

Pero María no se siente bien haciendo todo esto; se siente muy triste. Sabe que no debería hacer esas cosas, pero en esos momentos siente mucha rabia, está muy muy enfadada y no puede pensar.

Un día en el que María estaba muy triste porque su profesora le había castigado, se encontró con una tortuga más mayor que ella que le dijo:

«María, no te sientas triste, ¿no te das cuenta de que la solución de tus problemas está en tu caparazón?

Cuando sientas esa rabia, antes de explotar, lo que tienes que hacer es meterte en el caparazón, respirar profundo y lento y contar hasta 10 antes de volver a salir».

María decidió probar. Cuando alguien le empujaba sin querer, se metía en su caparazón y contaba hasta 10, respirando profundo y lento. Y también lo hacía cuando le salían mal las cosas o le regañaban, y ¿sabes?... ¡funcionaba, se tranquilizaba!

Cuando después salía del caparazón, ya no se sentía tan enfadada y se encontraba mucho mejor».

Se recordará a los participantes la historia y también que deben contar hasta diez y, sobre todo, respirar cada vez que sientan el impulso de pegar, romper algo o gritar.

LA TÉCNICA DEL GLOBO

Una sencilla dinámica de relajación que se puede aplicar cuando los niños se sientan nerviosos o tensos, y que les ayudará a controlarse y recuperar la calma. Es una estrategia especialmente efectiva en niños muy nerviosos o con dificultades para controlar sus impulsos.

OBJETIVOS

- Desarrollar la capacidad de relajación.
- Comprender la importancia de manejar nuestras tensiones.
- Adquirir estrategias de control de impulsos.

EDAD RECOMENDADA

4 años en adelante.

MATERIALES

- Un globo para la demostración por parte del adulto.

INSTRUCCIONES

Explicación durante la actividad y su desarrollo:
Todos nos ponemos nerviosos o tensos en algún momento y eso es algo normal. Lo importante es poder controlar nuestra tensión antes de que esta nos controle a nosotros. Quiero que veáis lo que ocurre cuando nos ponemos tensos.

El adulto tomará un globo y comenzará a inflarlo mientras se les explica que cuando nos ponemos nerviosos nos llenamos de tensión dentro de nosotros, de la misma forma que el globo se llena de aire. El adulto seguirá inflando el globo hasta que este explote.

Si dejamos que la tensión llene nuestro cuerpo como el aire llena el globo, al final explotaremos.

Vamos a ver lo que pasa si aprendemos a soltar esa tensión:

El adulto tomará otro globo y lo inflará hasta que casi vaya a explotar, pero antes de que explote soltará un poco la boquilla y dejará salir el aire poco a poco.

Ahora vamos a hacerlo nosotros. ¡Nos vamos a convertir en globos!

Vamos a repartirnos por la sala y vamos a imaginarnos que somos un globo de nuestro color favorito. Vamos a llenarnos de aire para después desinflarnos.

Primero nos inflaremos, tomando aire poco a poco por la nariz, mientras vamos abriendo y estirando nuestros brazos y piernas: nos estamos llenando de aire. Después nos desinflaremos, lentamente, soltando aire despacito por la boca mientras bajamos nuestros brazos y encogemos nuestras piernas. Notaremos cómo todo nuestro cuerpo se relaja. Ahora que habéis aprendido a hacerlo es importante que hagáis lo mismo cuando sintáis que os estáis «llenando de aire».

EL FRASCO DE LA CALMA

El frasco de la calma es una herramienta diseñada por María Montessori que consiste en un bote o frasco lleno de un líquido en el que hay partículas de purpurina que se mueven por su interior y que, a través de la observación, la atención enfocada y manteniendo un ritmo respiratorio constante, permiten que nuestro sistema nervioso regrese al estado de calma y equilibrio.

OBJETIVOS

- Aprender a tranquilizarse y poner la mente «en blanco».
- Adquirir recursos para cultivar la serenidad y la perspectiva.

EDAD RECOMENDADA

5 años en adelante.

MATERIALES

- Un frasco transparente de aproximadamente 500 cl por cada participante. Preferiblemente de plástico para evitar que se pueda romper fácilmente.
- Cola transparente o silicona líquida.
- Brillantina o purpurina.
- Agua caliente.
- 4 cucharadas de champú o jabón líquido transparente por cada frasco.
- Pegamento fuerte o silicona para sellar la tapa.

INSTRUCCIONES

Explicación previa:

Cuando estamos enfadados por algo o con alguien no podemos pensar con claridad, pero sabemos que una vez nos tranquilicemos podemos ver esa situación mejor.

Vamos a crear nuestro propio frasco de la calma, que nos permitirá darnos un tiempo para calmarnos y entender, después, qué nos ha ocurrido.

Se entregarán los materiales a cada uno de los participantes para que construyan su propio frasco.

1. Mezclaremos el agua, la cola y el jabón dentro del frasco, dejando un pequeño espacio de aire para que haya movimiento. Agitaremos para que los distintos líquidos se mezclen bien mientras el agua aún esté caliente. (Las diferentes densidades del jabón y del pegamento harán que la purpurina se mueva a diferentes velocidades y cree distintas trayectorias.)

2. Añadiremos la brillantina o purpurina.

3. Finalmente, pegaremos la tapa al frasco y nos aseguraremos de que quede bien sellada, evitando que se pueda abrir de forma accidental y se derrame el contenido.

Cuando agitamos el frasco la purpurina se mueve de forma descontrolada, igual que lo hacen nuestros pensamientos y emociones cuando me enfado o me siento frustrado. Si dejamos ese frasco quieto, la purpurina regresa lentamente al fondo del frasco, como nos pasa a nosotros. Si nos damos un instante, si nos relajamos, la tormenta pasará y nos sentiremos mejor.

Además de ser un modelo que puede servir para que, de una forma muy visual, el niño se dé cuenta de lo que ocurre dentro de su mente, la propia caída, lenta, de las partículas brillantes genera un estímulo visual que permite al cerebro que disminuya la agitación y favorezca el equilibrio emocional.

El frasco de la calma es una técnica para conectar con su estado emocional, no una nueva forma de castigo

Seguro que todos recordamos que cuando éramos pequeños nos mandaban a «la esquina o la silla de pensar». Eso solo hacía que nos retroalimentáramos en el sentimiento de injusticia por habernos mandado allí, un tiempo muerto sin otra intención más allá que hacernos pensar, pensar en algo que ni sabíamos qué era, ni entendíamos. Nos sentíamos profundamente tristes (o enfadados) por haber sido, además, castigados.

El frasco de la calma, por el contrario, tiene un objetivo claro: apartar la atención a la emoción o sentimiento que se nos ha despertado, con el fin de concedernos un tiempo para serenarnos.

Utilizar el frasco de la calma no se queda solo en una herramienta de relajación. Es necesario aprovechar para hablar con los niños y ayudarles a expresar lo que han sentido y a identificar lo que les ha despertado ese sentimiento.

Aprovechemos para invitarles a reflexionar:

- ¿Qué has sentido?
- ¿Cuál fue el motivo de tu (por ejemplo) enfado?
- ¿Qué te llevó a sentirse tan furioso?

Dedica el tiempo necesario para que el niño entienda el para qué de esta técnica y la interiorice. Siéntate con él, guíale durante la observación, reforzando el sentimiento de calma que irá apareciendo a medida que la purpurina comience a caer.

Una vez el frasco vuelva a estar transparente, ayúdale a expresar lo que ha ocurrido.

Nunca le dejes al niño solo haciendo este ejercicio; es importante que permanezcas a su lado para que no lo viva como una forma de castigo.

El frasco de la calma, una técnica también para ti

El frasco de la calma no es una herramienta aplicable solo a los niños, sino que los adultos también podemos beneficiarnos mucho de ella.

A nosotros también nos cuesta mucho lidiar con nuestras propias emociones, gestionarlas de forma adecuada, entenderlas y expresarlas. Por eso, sería francamente beneficioso que todos recurriéramos al frasco de la calma para sosegarnos.

LA SORPRESA

La sorpresa es muy veloz, de hecho es la emoción más rápida de todas y, lamentablemente, también es la que antes se pierde con los años.

Sentimos sorpresa cuando vemos algo por primera vez, cuando ocurre algo inesperado o fuera de lo habitual, cuando escuchamos algo que no esperábamos, cuando descubrimos algo que desconocíamos o cuando logramos hacer algo que creíamos muy difícil. La sorpresa produce en nosotros un breve instante de parálisis que utilizamos para que nuestro cerebro analice ese descubrimiento, lo valore y establezca la estrategia o la respuesta más adecuada para reaccionar ante él.

Cuando un niño pequeño comienza a descubrir el mundo, todo es nuevo y sorprendente para él.

Algo tan básico como emitir sus primeros sonidos le sorprende enormemente, y mucho más descubrir que los demás reaccionan a esos sonidos. Esa curiosidad es la que le lleva a seguir haciendo esos ruidos que más tarde darán lugar al lenguaje.

O cuando un niño se hace preguntas sobre el mundo, por ejemplo los famosos «¿Por qué...?», está dejándose asombrar por lo que le rodea, asombro que dará lugar a preguntas, y estas a descubrimientos y nuevos aprendizajes. Por todo ello la sorpresa tiene un papel esencial en el aprendizaje.

La sorpresa, según aparece, se va. Apenas dura unos segundos y, rápidamente, se transforma en otra emoción nueva. Pese a ser breve, la sorpresa es muy importante para el desarrollo y el aprendizaje de los niños.

¿POR QUÉ DEBEMOS EDUCAR A LOS NIÑOS EN LA SORPRESA Y EL ASOMBRO?

- La sorpresa provoca en los niños curiosidad e interés por saber más, lo que favorece su autonomía y su responsabilidad. La sorpresa les lleva a investigar y a buscar por sí solos más información.
- Ayuda al niño a mejorar su autoestima, el concepto y la visión que tiene de sí mismo.
- Fomenta el optimismo y transmite a los niños el mensaje de que la vida merece ser vivida y de que no podemos desaprovechar cada pequeño placer que nos ofrece.
- Fortalece los vínculos familiares.
- Saber identificar y aceptar lo inesperado le ayudará a gestionar su efecto. Le permitirá tener una respuesta ante ello y a asumir, con total naturalidad, que los imprevistos forman parte del día a día.

¿CÓMO AYUDAR A NUESTROS HIJOS A AUMENTAR SU CAPACIDAD DE ASOMBRO CADA DÍA?

Desafortunadamente, en esta época en la que vivimos solemos olvidarnos de lo esencial, asombrarnos de las cosas sencillas y cotidianas, de valorar momentos, de desarrollar la increíble imaginación de los niños y de encontrar siempre motivos para sonreír.

Para estimular esa habilidad en los niños:

- **Sorpréndelo**

Una de las formas más efectivas de enseñarle a apreciar los detalles y asombrarse es dejarle pequeñas sorpresas que le hagan feliz. Por ejemplo: una notita en un lugar inesperado, despertarlo con su canción favorita o con caricias o un masaje, etc.

- **Acostúmbrale**

Acostúmbrale, desde pequeño, a divertirse con cosas sencillas y cotidianas; así, cualquier pequeña novedad será motivo de sorpresa y celebración.

- **Organiza actividades al aire libre**

La naturaleza ofrece infinitas posibilidades para la sorpresa y el asombro.

- **Enséñale a sorprender a los demás**

Planear con ellos sorpresas y detalles sencillos para los demás favorece el desarrollo de valores, de la empatía, de la generosidad y la gratitud.

- **Ayúdale a descubrir lo inesperado**

El motor de la motivación del niño es el asombro.
Maria Montessori

La capacidad del niño para pensar en cosas imposibles es maravillosa, por lo tanto, el asombro es un mecanismo innato en él.
Catherin L'Ecuyer

ACTIVIDADES Y JUEGOS PARA ESTIMULAR LA SORPRESA

SEIS IDEAS PARA ESTIMULAR LA CURIOSIDAD DE LOS NIÑOS

- **Evita sobrecargarlo de estímulos**
  El exceso de estímulos llega a saturar a los niños y no deja que se paren a pensar. Por lo tanto hay que ofrecerles momentos de tranquilidad.
- **Fomenta su curiosidad**
  «¿Por qué...?, ¿por qué...?, ¿por qué...?». Los adultos, ante estas preguntas que plantean los niños, tendemos a dar respuestas cerradas o demasiado racionales, intentando satisfacer toda su curiosidad de una sola vez.
  Si, en lugar de responder directamente a esos «¿por qué..?», los ayudamos a que busquen por sí mismos las respuestas, favorecemos esa curiosidad, clave del aprendizaje.
- **Proporciónale tiempo de juego libre y creativo con materiales sencillos**, dando rienda suelta a la imaginación.
- **Mira el mundo a través de sus ojos**, acompañándole en su propia manera de ver el mundo.
- **Fomenta en los niños la lectura**
  Los libros son, siempre, una puerta abierta a la imaginación... Jugar a cambiar el final de ese libro que siempre leemos estimula

que, el día de mañana, pueda disfrutar de escribir sus propios cuentos.

- **Respeta sus tiempos y sus ritmos evolutivos** y, sobre todo, respeta su forma de ser y de aprender.

Los adultos jugamos un papel decisivo en la capacidad de asombro de los niños. De nuestras acciones dependerá que el niño mantenga esa curiosidad innata o la vaya perdiendo a medida que crece.

MISIÓN SORPRESA

Las sorpresas positivas alimentan nuestra capacidad de asombro, la habilidad de descubrir lo extraordinario en lo ordinario, por eso te propongo una técnica para sorprender y hacer felices a los niños.

OBJETIVOS

- Desarrollo de la capacidad de sorpresa y asombro con las cosas más sencillas.
- Fomentar el razonamiento analítico.
- Favorecer la capacidad de sorprenderse diariamente.

EDAD RECOMENDADA

Tres años en adelante.

MATERIALES

Ninguno.

INSTRUCCIONES

Se le propondrán al niño divertidos cambios en su rutina diaria, hacer algo común de una forma diferente, actos que le sorprendan, que le hagan reír y le brinden la oportunidad de ampliar sus perspectivas sobre las cosas sencillas.

El reto consiste en que todos los días, durante un mes, haga algo nuevo o algo de forma distinta a lo habitual.

Las opciones son ilimitadas, pero te lanzo algunas ideas:

- Lavarse los dientes o comer con la mano no dominante.
- Probar un alimento que nunca haya comido con los ojos vendados.

- Buscar rutas distintas para ir del colegio a casa.
- Ducharse con el agua más fría de lo habitual.
- Despertar cada mañana de una forma diferente: con una canción, con cosquillas, con un masaje, etc.
- Pedirle que en el recreo invite a jugar a algún compañero de su clase con quien casi nunca juegue.
- Ir al colegio con calcetines de distinto par.
- Disfrazarse para comer o cenar.
- Descubrir en su día 5 cosas que le sorprendan.
- Jugar a echar al carrito del supermercado todo aquello que le encantaría comprar, aunque vayamos a devolverlo a los estantes después.
- Aprender una cosa nueva cada día y compartir esa nueva habilidad con el grupo.
- Construir un buzón donde cada miembro de la familia, o del grupo, pueda dejar cartas o regalos sorpresa para los demás.

Estas son solo algunas propuestas. Estoy segura de que, a medida que exploréis, se os irán ocurriendo muchas más, a cual más sorprendente.

LA VERGÜENZA

DESCUBRIENDO LA VERGÜENZA

La vergüenza es una emoción que va unida a la necesidad de ser aceptado por los demás y que nace de la idea de ser defectuoso o inadecuado.

La vergüenza es lo que se denomina una emoción social compleja, que todos, en alguna ocasión, hemos sentido. Se define como emoción social porque solo podemos sentirnos avergonzados cuando estamos en compañía de otras personas, y compleja porque es el resultado de la combinación de tres emociones básicas: la rabia, el miedo y la tristeza. Aparece por primera vez entre los 18 y los 24 meses de edad y se va desarrollando a lo largo de toda la niñez.

La vergüenza hace que el niño sienta miedo, rabia, frustración, tristeza o decepción al verse en una situación que le incomoda, cuando cree que otros le juzgan y evalúan. Un niño que siente vergüenza se compara con los demás, quienes considera que son mejores que él. No se siente merecedor de atención, avergonzándose si la recibe y le resulta muy difícil, casi imposible, expresar opiniones, porque considera que sus ideas no son acertadas.

Si en una conversación alguien le quita la palabra, su reacción inmediata suele ser sentir vergüenza por haber tenido la osadía de manifestar su opinión, «esa que no le interesa a nadie», y por tanto, profundamente avergonzado, dejará de hablar y deseará desaparecer. Cuando desea pedir algo o necesita algo, callará avergonzado de expresar un deseo, pues siente que no es lo suficientemente importante como para molestar a los demás con sus peticiones.

CÓMO AYUDAR A LOS NIÑOS A SUPERAR LA VERGÜENZA

La inseguridad o la falta de confianza en sí mismos son ingredientes importantes en la aparición de la vergüenza, por tanto lo primero que podemos hacer para ayudar a nuestros hijos vergonzosos es potenciar su autoestima y aumentar su confianza en sí mismos.

«Cómo puedo hacerlo?», te preguntarás. Siguiendo estos diez consejos que te propongo:

- **Predica con tu ejemplo**. Explícale que tú también sientes vergüenza en muchas ocasiones, por ejemplo preguntando cosas a desconocidos, pero que juntos vais a aprender a superarla.
- **Elogia siempre sus progresos**, reforzando positivamente no solo el resultado final, sino lo mucho que se ha esforzado para lograrlo.
- **Apóyale, sin sobreprotegerle**, cuando se tenga que enfrentar a situaciones nuevas.
- **Permite que haga cosas por sí mismo**, sin tu ayuda.
- **Fomenta que se relacione con otros niños**.
- **No respondas por él** cuando alguien le pregunta algo y no quiere contestar, pero tampoco le defiendas diciendo que es «tímido» o «vergonzoso». Cuanto más le digamos que es un vergonzoso o tímido, más se convencerá de que lo es y más difícil le resultará vencer su vergüenza.
- **No le fuerces** a demostrar ante nadie lo bien que hace algo. Tu buena intención produce el efecto contrario: aumenta su sentido del ridículo.
- **Evita criticar** o corregir a tu hijo.

- **Fomenta** que haga preguntas **y peticiones a terceros**, por ejemplo cuando te acompañe a hacer la compra o al pedir un refresco en un bar.
- **Evita las comparaciones con otros niños.** Siempre que le comparamos le estamos haciendo creer que no nos gusta como es y que preferiríamos que fuera otra persona.

La vergüenza es un sentimiento que, si no aprendemos a gestionar, puede limitar nuestras acciones. Por eso, en las próximas páginas encontrarás un juego para enseñar a los niños a perder la vergüenza y vencer la timidez.

Un niño seguro de sí mismo es un niño con menor tendencia a sentir vergüenza.

ACTIVIDADES Y JUEGOS PARA SUPERAR LA VERGÜENZA

SIN VERGÜENZA

A través de este juego invitaremos a los más tímidos o vergonzosos a manejar ese sentimiento.

OBJETIVOS

- Conocer e identificar la vergüenza.
- Fomentar la reflexión sobre ella: qué situaciones nos avergüenzan, qué hacemos cuando nos sentimos avergonzados, cuáles son las consecuencias, etc.
- Manejar la timidez.

EDAD RECOMENDADA

10 años en adelante.

MATERIALES

- Fichas de trabajo.
- Textos o videos de escenas de películas que representen personas experimentando vergüenza.

INSTRUCCIONES

Explicación previa:

La vergüenza es una emoción natural de las personas, todos en algún momento sentimos vergüenza y no pasa nada.

A veces la vergüenza nos impide hacer cosas, nos impide preguntar, no nos deja hacer aquello que queremos, etc. Vamos primero a aprender qué es la vergüenza y por qué sentimos vergüenza para, después, aprender a manejarla y superar la timidez que a veces no nos deja hacer todo lo que nos gustaría.

Desarrollo:

Se leerán los textos o verán los videos que el adulto habrá previamente seleccionado en los que se representan varias situaciones en las que diferentes personas —adultos y niños— experimentan vergüenza, lo cual permitirá generar debate y cambiar impresiones con el resto del grupo.

Es importante llegar con ellos a la conclusión de que quien siente vergüenza, en realidad, siente miedo a la valoración negativa de los demás.

A continuación cada uno completará la ficha SIN VERGÜENZA.

Una vez hecho, se les explica lo siguiente:

Con esta ficha hemos conocido qué ocurre cuando sentimos vergüenza. Hemos visto que una cosa es lo que pensamos y sabemos, y otra muy distinta lo que creemos que piensan los demás. Ahora vamos a aprender a superar la timidez y nuestra vergüenza, para lo cual seguiremos la plantilla de «Estrategia para superar la vergüenza».

Prepararemos un *role play* con todos los participantes, para practicar la secuencia en distintas situaciones.

ESTRATEGIAS PARA VENCER LA VERGÜENZA

Existen varias maneras de superar la vergüenza. Lo más importante es que lo haga poco a poco.

1. Busco un sitio tranquilo, lejos de las miradas de otros.
2. Respiro profundamente y trato de relajarme. Hago las exhalaciones más largas que las inspiraciones.
3. Cuando vuelva a estar tranquilo y me sienta relajado, me hago las siguientes preguntas:
    - ¿Realmente es para tanto?
    - ¿Realmente los demás pensarán eso de mí?
    - En cualquier caso, ¿qué es lo peor que puede pasar?
4. Piensa que tú puedes hacerlo, que no eres ni mejor ni peor que otros y que no hay ningún motivo para pensar que vas a hacer el ridículo.
5. Divido la acción que me avergüenza en pequeños pasos. Por ejemplo, si me da vergüenza saludar:
    - Me acerco a la persona.
    - Le miro a los ojos.
    - Saludo.
    - Hago un gesto de saludo con la mano.
    - Sonrío.
    - Me alejo.
6. Me centro en estos pasos y sigo estas instrucciones.
7. Valoro y compruebo que no ha sido para tanto.
8. Me siento orgulloso porque lo he hecho.
9. Me planteo dar un paso más la próxima vez (por ejemplo, preguntarle qué tal está).

FICHA SIN VERGÜENZA

Situaciones en las que suelo avergonzarme

....

¿Por qué me siento avergonzado?

....

¿Qué pienso?

....

¿Cuáles son mis sensaciones?

....

¿Qué suelo hacer?

....

¿Qué creo que piensan los demás?

....

¿Qué me estoy perdiendo?

....

¿Cómo me siento después?

....

LOS CELOS Y LA ENVIDIA

Los celos, esa necesidad de competir por un cariño que creo perdido.

DESCUBRIENDO LOS CELOS

Los celos infantiles son un sentimiento natural que surge en el niño cuando se siente desplazado, generando en el un sentimiento de rechazo hacia alguien a quien quiere. El hecho de que sean unos sentimientos tan contradictorios, amor y a la vez rechazo, es lo que hace más difícil lidiar con esta emoción.

Los niños sienten celos en muchas situaciones; por supuesto cuando tienen un hermano, pero también cuando otro niño llama la atención de sus papás o cuando el padre o la madre tienen una nueva pareja. Incluso podríamos hablar de celos «madurativos», que son los que experimenta el niño cuando pasa por la fase de «enamoramiento» de su mamá o su papá y tiene que compartir ese amor con el otro progenitor.

¿A QUÉ EDAD APARECEN?

Los celos infantiles pueden aparecer en cualquier momento durante la infancia, pero su manifestación será diferente según la edad.

- Cuando el niño es menor de dos años puede manifestar el miedo a perder el amor de sus padres mostrándose obediente, sumiso, acaparador de atención, cariñoso en exceso... cualquier cosa con tal de que sus papás no le abandonen.
- A medida que el niño crece, los celos infantiles se manifestarán en forma de conductas bruscas, agresivas y disruptivas. A partir de los 5 o 6 años, cuando haya alcanzado un nivel de desarrollo cognitivo suficiente, comenzará a manipular emocionalmente, retirando el afecto a aquellos «causantes de su abandono».

¿CÓMO SE MANIFIESTAN?

Los celos infantiles se manifiestan, habitualmente, a través de conductas de agresión hacia quien le ha robado protagonismo.

En otras ocasiones se manifiesta mediante llamadas de atención: hablando a gritos, dando golpes para hacer ruido, haciendo cosas que sabe que no gustan. Adoptará actitudes que provocan el enfado de los adultos, enfado que no deja de ser una forma de captar su atención.

¿CÓMO AYUDAR AL NIÑO A GESTIONAR SUS CELOS?

Intenta descubrir qué es lo que provoca sus celos
Comprender lo que le está molestando, ponernos en su lugar y entender que se está sintiendo desplazado, indefenso y vulnerable cambiará nuestra actitud ante sus muestras de celos.

Permítele expresar aquello que siente
Hazle ver que entiendes cómo se siente, pero que no puede golpear o hacer daño a otros o a sí mismo.

Ayúdale a encontrar otras formas de expresar cómo se siente a través de las distintas actividades o juegos que te proponemos en este libro.

Mantente alerta
Si sospechamos que una situación pudiera desencadenar los celos del niño, hemos de prevenirlo hablando con él, preparándole para

afrontar lo que viene o buscando una compensación de esa atención que ahora ha de compartir con otro. Prometerle que «pasaremos un ratito juntos más tarde u otro día» siempre funciona.

Tu hijo echa de menos tu compañía y tu atención, por lo que compensarle con un regalo no tiene sentido.

Envidia: carezco de algo que otro tiene.
Celos: temo que otro me arrebate algo que tengo y valoro.

¿SON CELOS O ES ENVIDIA?

Es frecuente confundir los celos con la envidia. Ambos provocan una actitud hostil, pero psicológicamente son muy diferentes.

La envidia tiene que ver con el «poseer» mientras que los celos, con el «perder».

La envidia involucra a dos personas, una posee algo que la otra desea y además la segunda no quiere que la primera lo tenga. Por el contrario, en los celos hay tres personajes:

el celoso, que responde a la amenaza que representa **un tercero** para una relación que el celoso considera valiosa con **alguien**.

Nunca olvides que los niños reflejan la conducta de sus padres, así que aprovecha para revisar tu propia relación con la envidia.

LA ENVIDIA: YO CAREZCO DE ALGO QUE TÚ TIENES

La envidia es un aprendizaje social que surge al percibir que otro posee algo que yo no tengo, generando un cierto resentimiento y rencor hacia la persona envidiada. Esa sensación de carencia dificulta que seamos objetivos, ya que mi atención está centrada únicamente en lo que me falta, ignorando lo que ya poseo.

La envidia es un sentimiento prácticamente universal y propio de la interacción social. El problema reside en que la envidia daña tanto a quien la sufre como a aquel a quien este envidia. El mecanismo de defensa que suele emplear el envidioso es la infravaloración, el insulto, el menosprecio o la crítica hacia el envidiado.

Combatir la envidia es una tarea tan difícil como necesaria, por eso, durante las próximas páginas, vamos a descubrir cómo enseñar a los niños a valorar todo aquello que poseen, haciéndoles entender que cada persona es única y especial y, por tanto, se la debe respetar.

Como en todos los aprendizajes sociales, los adultos tenemos un papel relevante como figuras de referencia: si nuestros hijos observan en nuestra familia conductas y comentarios envidiosos, los harán suyos e incorporarán la envidia a su forma de relacionarse con los demás, con la enorme infelicidad e insatisfacción que la envidia lleva asociada.

Por esta razón, los adultos hemos de ser muy cautelosos con nuestras acciones para poder enseñar a los niños a admirar en lugar de a envidiar, a aprender e inspirarse en aquellos que sientan que se encuentran en esa situación deseada por ellos. De esta forma, fomentaremos la motivación y no la envidia.

¿QUÉ CAUSA LA ENVIDIA EN LOS NIÑOS?

Al igual en que en los adultos, el origen de la envidia no está ligada al «no tener», sino a desear algo que otro tiene y de lo que yo considero que carezco:

- Atención por parte de los adultos.
- Número de amigos o popularidad.
- Calificaciones escolares o logros deportivos.
- Juguetes o posesiones materiales.
- Características físicas.

¿CÓMO TRABAJAR LA ENVIDIA CON LOS NIÑOS?

- Potenciando su autoestima, reforzando sus logros y sus aspectos positivos.
- Evitando las comparaciones.

- Educando en la empatía.
- Valorando a los demás.
- Valorando tanto los éxitos como los fracasos, haciendo siempre especial hincapié en la idea de que los «fracasos» son oportunidades de aprendizaje.

*Muchos casos de **bullying** tienen su raíz en la envidia que los agresores experimentan hacia las víctimas.*

¿QUÉ HACER CUANDO UN NIÑO SIENTE ENVIDIA?

Un niño que siente envidia carece de confianza en sí mismo, de autoestima, carencias que necesitan ser atendidas, no juzgadas.

Un niño que siente envidia necesita equipararse, o incluso superar, a los demás porque cree que, de no hacerlo, será menos escuchado, querido o valorado.

Habla con él sobre la envidia
Permítele que entienda la diferencia entre querer superarse a sí mismo, inspirado en el ejemplo de otros, y desear que a ese otro le vaya mal.

No lo compares con otros
Sentirse comparado no motiva al niño a mejorar, sino que genera en él un espíritu de competencia y rencor hacia ese modelo con el que ha sido comparado.

¿Rencor? Sí, rencor porque esa persona ha captado la atención y la admiración de quienes me importan, habiéndomela restado a mí.

En lugar de compararle, ayúdale a marcar metas realistas basadas en sus propias capacidades. No se trata de ser mejor que alguien, sino de ser la mejor versión de uno mismo.

Bríndale atención y afecto
Nada hay más importante para un niño que sentirse tenido en cuenta. Haz que tu hijo se sienta protagonista de tu vida, con independencia de las circunstancias.

Por favor, que el grado de atención, comprensión y respeto que reciba un niño nunca se base en sus calificaciones, rendimiento deportivo o logros.

ACTIVIDADES Y JUEGOS PARA SUPERAR LOS CELOS

ADIÓS A LOS CELOS

En esta actividad se ofrecerá al niño la oportunidad de hacerse consciente de los aspectos de su personalidad, sus habilidades, su presencia y aspecto físico y de todo aquello que le hace especial y único.

Además, haremos hincapié en reforzar la mirada positiva hacia la persona objeto de sus celos, tratando de llevarle hacia la admiración y el amor, para fomentar una relación saludable y positiva entre ambos.

OBJETIVOS

- Favorecer la valoración positiva de sí mismo.
- Fomentar sentimientos de amor y admiración hacia la otra persona.
- Reducir sentimientos de odio o envidia hacia la otra persona.

EDAD RECOMENDADA

Se debe realizar individualmente, por ejemplo, el papá o la mamá con el niño o niña que siente celos, sin que esté presente aquel por quien los siente.

MATERIALES

- Fichas de trabajo.

- Material de escritura.

INSTRUCCIONES

Preparación:

- Se imprimirán la fichas, a ser posible, en formato grande y en papel de color para que luzcan más vistosas y atractivas. Muy recomendable decorarlas con colores.
- Busca un momento tranquilo e invita a tu hijo a jugar a un juego los dos solos.

Explicación previa:
Yo te quiero mucho, muchísimo, y hoy quiero explicarte por qué. Empezaré diciendo todas las cosas que me encantan de ti y luego tú también puedes decir cosas que te gustan de ti. Haremos una lista superlarga, porque tienes muchísimas cosas buenas.

Desarrollo:
En el título se escribe su nombre o, si ya sabe escribir, que lo haga por sí mismo.

Se comienzan a enumerar 5 o 6 cosas que te encantan de él y las vais escribiendo.

Por ejemplo:

- Eres divertido.
- Tienes unos ojos preciosos.
- Tu sonrisa me alegra el día.
- Cantas fenomenal.
- Tienes un pelo suave y precioso.
- Corres rápido, eres un gran atleta.

Después de esto, se le pide al niño que diga más cosas buenas de sí mismo, que se van anotando. Si no se le ocurren, el adulto puede seguir enumerando las que se le ocurran. Es conveniente llegar como mínimo a 13 o 15 características, para que le parezca una lista larguísima.

Una vez terminada esa ficha, se pasará a la siguiente, diciéndole:

«¿Qué te parece si pensamos ahora en las cosas buenas de ?» (la persona por la que siente celos).

Redacta el título:

«De _________ me gusta...»

y se le pide al niño que vaya diciendo cosas buenas de esa persona, mientras se va tomando nota.

Por ejemplo:

- Que es alegre.
- Que huele muy bien.

Es muy importante que estas cosas las diga el niño, no el adulto, aunque si no se le ocurriera nada, se le puede hacer alguna sugerencia.

Se colgarán ambos pósteres en su habitación durante un tiempo, invitándole a repasarlos de vez en cuando y haciendo referencia a ello cuando habléis de esa persona, hasta que los celos desaparezcan definitivamente.

ME LLAMO .... Y SOY:

¡UNA PERSONA MARAVILLOSA!

....

....

....

....

....

....

....

....

POR TODO ESTO MI MAMÁ Y MI PAPÁ, MIS ABUELOS, MIS TÍOS, Y MIS PRIMOS ME QUIEREN MUCHÍSIMO Y NO ME CAMBIARÍAN POR NADA.

DE .... ME GUSTA:

....

....

....

....

....

....

....

....

ES GENIAL, IGUAL QUE LO SOY YO, Y POR ESO LE QUIERO MUCHO.

A TI, QUE HAS LLEGADO HASTA AQUÍ...

El mundo de la educación y la crianza es dinámico, constantemente se transforma y la neurociencia ha entrado en juego descubriendo nuevos vínculos con la educación, dando sentido a muchas cosas. Al ámbito de la familia y enseñanza también ha llegado esa transformación, se nos ha despertado el interés, si no necesidad, de incorporar cambios en la forma en la que educamos, de hacer las cosas de forma distinta a como las hicieron con nosotros.

Este libro comenzaba proponiéndote convertirte en el transmisor de esas herramientas y habilidades emocionales que los niños necesitarán a lo largo de su vida y que nos hubiera gustado a los adultos de hoy haber recibido de nuestros padres y profesores.

Ahora, con este libro entre tus manos, dispones de 40 nuevas oportunidades de enseñar a los más pequeños a conectar con sus emociones y aprender a gestionarlas mientras tú mismo comienzas a hacerlo también.

Así que ya no tienes excusa, toca:
¡JUGAR!

PARA ESPÍRITUS CURIOSOS

Espero que hayas disfrutado tanto con la lectura de este libro como yo creándolo y deseo de corazón que te sea de ayuda, guía o inspiración para trabajar las emociones ya sea en tu hogar, en familia, o dentro de tu aula.

Que hayas adquirido este libro dice mucho de ti, de tu interés y curiosidad en la Educación Emocional, por eso quiero compartir contigo algunos de los títulos memorables con los que me he ido encontrando en estos años y que considero que no te puedes perder.

Algunos seguramente ya los conozcas y otros seguro que te sorprenden:

Aguiló, A., *Educar los sentimientos*, Palabra, 2019.

Alegre, Albert, *Cómo desarrollar la inteligencia emocional de los niños*, Pirámide, 2018.

Bisquerra, R., *Educación Emocional: Propuestas para educadores y familias*, Desclee de Brouwer, 2013.

Céspedes, Amanda, *Educar las emociones, educar para la vida*, Ediciones B, 2013.

Cole, E., *Soy más fuerte que la ira*, Andriy Bohutskyy, 2021.

Crist, J. J., *Cómo superar los miedos y las preocupaciones*, Oniro, 2007.

Filliozat, I., *Ira y regreso a la calma*, Edebé, 2019.

—*Mis miedos, ¿amigos o enemigos?* Col. Juego y me conozco, Edebé, 2019.

Glennon, W., *La inteligencia emocional de los niños: claves para abrir el corazón y la mente de tu hijo*, Oniro, 2010.

Goleman, D., *Inteligencia Emocional*, Kairós, 1996.

Hoffman, M. y Asquith, R., *El gran libro de las emociones*, Juventud, 2013.

Lantieri, L. y Goleman, D., *Inteligencia emociona infantil y juvenil*, Aguilar, 2009.

Limousin, V., *Mis emociones*. Col. Juego y me conozco, Edebé, 2017.

Llenas, A., *Diario de las Emociones*, 2018.

Malaisi, Lucas J. J., *Descubriendo mis emociones y habilidades*, Paidós, 2011.

Martínez, S., *Descubriendo emociones*, La Esfera de los Libros, 2020.

Newby, D. Y Núñez, L., *Emociones, Un Regalo Por Abrir: Introducción a la Alfabetización Emocional*, New Publisher, 2018.

Nuñez, C. y Romero, R., *El arte de emocionarte: Explora tus emociones*, Nube de Tinta, 2016.

Nuñez, C. y Romero, R., *Emocionario*, Palabras Aladas, 2013.

Pradas, M., *Educar en la felicidad,* Oberon, 2019.

Romera, M., *La familia, la primera escuela de emociones*, Destino, 2017.

Siegel, D. J., Payne Bryson, T., *El cerebro del niño: 12 estrategias revolucionarias para cultivar la mente en desarrollo de tu hijo*, Alba, 2012.

Steven E./ Friedl Elias, Maurice J./ Tobias, *Educar con inteligencia emocional,* DeBolsillo, 2011.

Urra, J., *Primeros auxilios emocionales para niños y adolescentes*, La Esfera de los Libros, 2012.

Te invito a conocer mi anterior obra:
Inteligencia Emocional para padres, Arcopress, 2019.
que complementa esta que tienes entre tus manos.
También te sugiero visitar mi web:
www.gestionemocional.com,
donde encontrarás más información, cursos y novedades.